I0374465

TRANZLATY

Language is for everyone

भाषा सभी के लिए है

The Little Mermaid
द लिटिल मरमेड

Hans Christian Andersen
हंस क्रिश्चियन एंडरसन

English / हिंदी

Copyright © 2023 Tranzlaty
All rights reserved.
Published by Tranzlaty
ISBN: 978-1-83566-945-7
Original text by Hans Christian Andersen
Den Lille Havfrue
First published in Danish in 1837
www.tranzlaty.com

The Sea King's Palace
द सी किंग्स पैलेस

Far out in the ocean, where the water is blue
दूर समुद्र में, जहाँ पानी नीला है
here the water is as blue as the prettiest cornflower
यहाँ पानी सबसे सुंदर कॉर्नफ्लावर जितना नीला है
and the water is as clear as the purest crystal
और पानी शुद्धतम क्रिस्टल की तरह साफ़ है
this water, far out in the ocean is very, very deep
समुद्र में दूर तक फैला यह पानी बहुत-बहुत गहरा है
water so deep, indeed, that no cable could reach the bottom
पानी इतना गहरा था कि कोई भी केबल नीचे तक नहीं पहुंच सकती थी
you could pile many church steeples upon each other
आप कई चर्च की घंटियों को एक दूसरे के ऊपर रख सकते हैं
but all the churches could not reach the surface of the water
लेकिन सभी चर्च पानी की सतह तक नहीं पहुंच सके
There dwell the Sea King and his subjects
वहाँ समुद्र राजा और उसकी प्रजा निवास करती है
you might think it is just bare yellow sand at the bottom
आप सोच सकते हैं कि यह नीचे की ओर केवल पीली रेत है
but we must not imagine that there is nothing there
लेकिन हमें यह नहीं सोचना चाहिए कि वहां कुछ भी नहीं है
on this sand grow the strangest flowers and plants
इस रेत पर उगते हैं अजीबोगरीब फूल और पौधे
and you can't imagine how pliant the leaves and stems are
और आप कल्पना भी नहीं कर सकते कि पत्तियां और तने कितने लचीले हैं
the slightest agitation of the water causes the leaves to stir

पानी की हल्की सी हलचल से पत्तियां हिलने लगती हैं
it is as if each leaf had a life of its own
ऐसा लगता है जैसे हर पत्ते का अपना जीवन है
Fishes, both large and small, glide between the branches
बड़ी और छोटी दोनों तरह की मछलियाँ शाखाओं के बीच सरकती हैं
just like when birds fly among the trees here upon land
ठीक वैसे ही जैसे पक्षी यहाँ ज़मीन पर पेड़ों के बीच उड़ते हैं

In the deepest spot of all stands a beautiful castle
सबसे गहरे स्थान पर एक सुंदर महल खड़ा है
this beautiful castle is the castle of the Sea King
यह खूबसूरत महल समुद्र राजा का महल है
the walls of the castle are built of coral
महल की दीवारें मूंगे से बनी हैं
and the long Gothic windows are of the clearest amber
और लंबी गोथिक खिड़कियां सबसे स्पष्ट एम्बर रंग की हैं
The roof of the castle is formed of sea shells
महल की छत समुद्री सीपों से बनी है
and the shells open and close as the water flows over them
और जैसे ही पानी उनके ऊपर से बहता है, वे खुलते और बंद होते हैं
Their appearance is more beautiful than can be described
उनका रूप वर्णन से भी अधिक सुन्दर है
within each shell there lies a glittering pearl
प्रत्येक सीप के भीतर एक चमकता हुआ मोती है
and each pearl would be fit for the diadem of a queen
और प्रत्येक मोती रानी के मुकुट के लिए उपयुक्त होगा

The Sea King had been a widower for many years
सागर राजा कई वर्षों से विधुर था
and his aged mother looked after the household for him
और उसकी बूढ़ी माँ उसके लिए घर की देखभाल करती थी
She was a very sensible woman
वह बहुत समझदार महिला थी
but she was exceedingly proud of her royal birth
लेकिन उसे अपने शाही जन्म पर बहुत गर्व था
and on that account she wore twelve oysters on her tail
और इसी कारण से उसने अपनी पूंछ पर बारह सीपें पहनी थीं
others of high rank were only allowed to wear six oysters
उच्च पद के अन्य लोगों को केवल छह सीप पहनने की अनुमति थी
She was, however, deserving of very great praise
हालाँकि, वह बहुत बड़ी प्रशंसा की हकदार थी
there was something she especially deserved praise for
वहाँ कुछ ऐसा था जिसके लिए वह विशेष रूप से प्रशंसा की हकदार थी
she took great care of the little sea princesses
वह छोटी समुद्री राजकुमारियों का बहुत ख्याल रखती थी
she had six granddaughters that she loved
उसकी छह पोतियाँ थीं जिनसे वह बहुत प्यार करती थी
all the sea princesses were beautiful children
सभी समुद्री राजकुमारियाँ सुंदर बच्चे थे
but the youngest sea princess was the prettiest of them
लेकिन सबसे छोटी समुद्री राजकुमारी उनमें से सबसे सुंदर थी
Her skin was as clear and delicate as a rose leaf
उसकी त्वचा गुलाब की पत्ती की तरह साफ़ और नाजुक थी
and her eyes were as blue as the deepest sea
और उसकी आँखें गहरे समुद्र की तरह नीली थीं
but, like all the others, she had no feet

लेकिन, बाकी सभी की तरह, उसके भी पैर नहीं थे
and at the end of her body was a fish's tail
और उसके शरीर के अंत में एक मछली की पूंछ थी

All day long they played in the great halls of the castle
पूरे दिन वे महल के बड़े हॉल में खेलते रहे
out of the walls of the castle grew beautiful flowers
महल की दीवारों से सुन्दर फूल उगे थे
and she loved to play among the living flowers
और उसे जीवित फूलों के बीच खेलना बहुत पसंद था
The large amber windows were open, and the fish swam in
बड़ी एम्बर खिड़कियां खुली थीं, और मछलियाँ तैर कर अंदर आ गईं
it is just like when we leave the windows open
यह वैसा ही है जैसे जब हम खिड़कियाँ खुली छोड़ देते हैं
and then the pretty swallows fly into our houses
और फिर सुंदर अबाबीलें हमारे घरों में उड़कर आती हैं
only the fishes swam up to the princesses
केवल मछलियाँ ही राजकुमारियों तक तैरकर आईं
they were the only ones that ate out of her hands
वे ही एकमात्र थे जो उसके हाथों से खाते थे
and they allowed themselves to be stroked by her
और उन्होंने खुद को उसके द्वारा सहलाए जाने दिया

Outside the castle there was a beautiful garden
महल के बाहर एक सुंदर बगीचा था
in the garden grew bright-red and dark-blue flowers
बगीचे में चमकीले लाल और गहरे नीले फूल उग आए
and there grew blossoms like flames of fire
और वहाँ आग की लपटों जैसे फूल उग आए

the fruit on the plants glittered like gold
पौधों पर लगे फल सोने की तरह चमकते थे
and the leaves and stems continually waved to and fro
और पत्तियां और तने लगातार आगे-पीछे हिल रहे थे
The earth on the ground was the finest sand
ज़मीन पर मिट्टी सबसे महीन रेत थी
but this sand does not have the colour of the sand we know
लेकिन इस रेत का रंग उस रेत जैसा नहीं है जिसे हम जानते हैं
this sand is as blue as the flame of burning sulphur
यह रेत जलती हुई गंधक की लौ जितनी नीली है
Over everything lay a peculiar blue radiance
हर चीज़ पर एक अजीब नीली चमक छाई हुई थी
it is as if the blue sky were everywhere
ऐसा लगता है मानो नीला आकाश हर जगह हो
the blue of the sky was above and below
आसमान का नीला रंग ऊपर और नीचे था
In calm weather the sun could be seen
शांत मौसम में सूरज देखा जा सकता था
from here the sun looked like a reddish-purple flower
यहाँ से सूरज लाल-बैंगनी फूल जैसा दिख रहा था
and the light streamed from the calyx of the flower
और प्रकाश फूल के प्याले से बह रहा था

the palace garden was divided into several parts
महल का बगीचा कई भागों में विभाजित था
Each of the princesses had their own little plot of ground
प्रत्येक राजकुमारी के पास अपनी छोटी सी ज़मीन थी
on this plot they could plant whatever flowers they pleased

इस भूखंड पर वे अपनी इच्छानुसार कोई भी फूल लगा सकते थे

one princess arranged her flower bed in the form of a whale
एक राजकुमारी ने अपने फूलों के बिस्तर को व्हेल के आकार में सजाया
one princess arranged her flowers like a little mermaid
एक राजकुमारी ने अपने फूलों को एक छोटी मत्स्यांगना की तरह सजाया
and the youngest child made her garden round, like the sun
और सबसे छोटी बच्ची ने अपना बगीचा सूरज की तरह घेरा
and in her garden grew beautiful red flowers
और उसके बगीचे में सुन्दर लाल फूल उग आए
these flowers were as red as the rays of the sunset
ये फूल सूर्यास्त की किरणों की तरह लाल थे

She was a strange child; quiet and thoughtful
वह एक अजीब बच्ची थी; शांत और विचारशील
her sisters showed delight at the wonderful things
उसकी बहनों ने अद्भुत चीज़ों पर प्रसन्नता व्यक्त की
the things they obtained from the wrecks of vessels
वे चीज़ें जो उन्होंने जहाजों के मलबे से प्राप्त कीं
but she cared only for her pretty red flowers
लेकिन उसे केवल अपने सुंदर लाल फूलों की परवाह थी
although there was also a beautiful marble statue
हालाँकि वहाँ एक सुंदर संगमरमर की मूर्ति भी थी
the statue was the representation of a handsome boy
यह मूर्ति एक सुन्दर लड़के का प्रतिनिधित्व करती थी
the boy had been carved out of pure white stone
लड़के को शुद्ध सफेद पत्थर से तराश कर बनाया गया था

and the statue had fallen to the bottom of the sea from a wreck
और मूर्ति मलबे से समुद्र की तलहटी में गिर गई थी
for this marble statue of a boy she cared about too
उस लड़के की संगमरमर की मूर्ति के लिए जिसकी वह भी परवाह करती थी

She planted, by the statue, a rose-colored weeping willow
उसने मूर्ति के पास एक गुलाबी रंग का वीपिंग विलो का पौधा लगाया
and soon the weeping willow hung its fresh branches over the statue
और जल्द ही रोते हुए विलो ने अपनी ताजा शाखाएं मूर्ति पर लटका दीं
the branches almost reached down to the blue sands
शाखाएँ लगभग नीली रेत तक पहुँच गई थीं
The shadows of the tree had the color of violet
पेड़ की छाया का रंग बैंगनी था
and the shadows waved to and fro like the branches
और छायाएँ शाखाओं की तरह इधर-उधर लहरा रही थीं
all of this created the most interesting illusion
इन सबने सबसे दिलचस्प भ्रम पैदा किया
it was as if the crown of the tree and the roots were playing
ऐसा लग रहा था जैसे पेड़ का मुकुट और जड़ें खेल रहे हों
it looked as if they were trying to kiss each other
ऐसा लग रहा था मानो वे एक दूसरे को चूमने की कोशिश कर रहे हों

her greatest pleasure was hearing about the world above
उसे सबसे ज़्यादा खुशी ऊपर की दुनिया के बारे में सुनने में होती थी
the world above the deep sea she lived in
वह जिस गहरे समुद्र में रहती थी, उसके ऊपर की दुनिया
She made her old grandmother tell her all about the upper world
उसने अपनी बूढ़ी दादी से ऊपरी दुनिया के बारे में सब कुछ सुनवाया
the ships and the towns, the people and the animals
जहाज़ और शहर, लोग और जानवर
up there the flowers of the land had fragrance
वहाँ ऊपर धरती के फूलों की खुशबू थी
the flowers below the sea had no fragrance
समुद्र के नीचे के फूलों में कोई सुगंध नहीं थी
up there the trees of the forest were green
वहाँ ऊपर जंगल के पेड़ हरे थे
and the fishes in the trees could sing beautifully
और पेड़ों पर बैठी मछलियाँ सुन्दर गीत गा सकती थीं
up there it was a pleasure to listen to the fish
वहाँ ऊपर मछलियों की आवाज़ सुनना एक आनंद था
her grandmother called the birds fishes
उसकी दादी पक्षियों को मछलियाँ कहती थीं
else the little mermaid would not have understood
अन्यथा छोटी मत्स्यांगना को समझ नहीं आता
because the little mermaid had never seen birds
क्योंकि छोटी मत्स्यकन्या ने कभी पक्षी नहीं देखे थे

her grandmother told her about the rites of mermaids
उसकी दादी ने उसे जलपरियों के अनुष्ठानों के बारे में बताया
"one day you will reach your fifteenth year"

"एक दिन तुम अपने पंद्रहवें वर्ष तक पहुंच जाओगे"
"then you will have permission to go to the surface"
"तब तुम्हें सतह पर जाने की अनुमति मिल जायेगी"
"you will be able to sit on the rocks in the moonlight"
"तुम चाँदनी रात में चट्टानों पर बैठ सकोगे"
"and you will see the great ships go sailing by"
"और आप बड़े जहाजों को चलते हुए देखेंगे"
"Then you will see forests and towns and the people"
"तब आप जंगलों, शहरों और लोगों को देखेंगे"

the following year one of the sisters was going to be fifteen
अगले वर्ष बहनों में से एक पंद्रह वर्ष की होने वाली थी
but each sister was a year younger than the other
लेकिन हर बहन एक दूसरे से एक साल छोटी थी
the youngest sister was going to have to wait five years before her turn
सबसे छोटी बहन को अपनी बारी आने से पहले पांच साल तक इंतजार करना पड़ा
only then could she rise up from the bottom of the ocean
तभी वह समुद्र की तलहटी से ऊपर उठ सकती थी
and only then could she see the earth as we do
और तभी वह पृथ्वी को वैसे देख सकती थी जैसे हम देखते हैं
However, each of the sisters made each other a promise
हालाँकि, दोनों बहनों ने एक दूसरे से वादा किया
they were going to tell the others what they had seen
वे दूसरों को बताने जा रहे थे कि उन्होंने क्या देखा था
Their grandmother could not tell them enough
उनकी दादी उन्हें पर्याप्त नहीं बता सकीं
there were so many things they wanted to know about
ऐसी बहुत सी चीजें थीं जिनके बारे में वे जानना चाहते थे

the youngest sister longed for her turn the most
सबसे छोटी बहन को अपनी बारी का सबसे ज्यादा इंतजार था
but, she had to wait longer than all the others
लेकिन, उसे बाकी सभी की तुलना में अधिक समय तक इंतजार करना पड़ा
and she was so quiet and thoughtful about the world
और वह दुनिया के बारे में बहुत शांत और विचारशील थी
there were many nights where she stood by the open window
कई रातें ऐसी थीं जब वह खुली खिड़की के पास खड़ी रहती थी
and she looked up through the dark blue water
और उसने गहरे नीले पानी से ऊपर देखा
and she watched the fish as they splashed with their fins
और वह मछलियों को अपने पंखों से छींटे मारते हुए देखती रही
She could see the moon and stars shining faintly
वह चाँद और तारों को मंद-मंद चमकते हुए देख सकती थी
but from deep below the water these things look different
लेकिन पानी के नीचे से ये चीजें अलग दिखती हैं
the moon and stars looked larger than they do to our eyes
चाँद और तारे हमारी आँखों से बड़े दिखते थे
sometimes, something like a black cloud went past
कभी-कभी, एक काले बादल की तरह कुछ गुज़र जाता था
she knew that it could be a whale swimming over her head
वह जानती थी कि उसके सिर के ऊपर एक व्हेल तैर सकती है
or it could be a ship, full of human beings
या यह मनुष्यों से भरा एक जहाज भी हो सकता है
human beings who couldn't imagine what was under them

मनुष्य जो कल्पना भी नहीं कर सकते थे कि उनके नीचे क्या है

a pretty little mermaid holding out her white hands
एक सुंदर छोटी मत्स्यकन्या अपने सफेद हाथ फैलाए हुए
a pretty little mermaid reaching towards their ship
एक सुंदर छोटी मत्स्यकन्या उनके जहाज की ओर बढ़ रही है

The Little Mermaid's Sisters
लिटिल मरमेड की बहनें

The day came when the eldest mermaid had her fifteenth birthday

वह दिन आया जब सबसे बड़ी मत्स्यांगना का पंद्रहवाँ जन्मदिन था

now she was allowed to rise to the surface of the ocean

अब उसे समुद्र की सतह पर आने की अनुमति थी

and that night she swum up to the surface

और उस रात वह तैर कर सतह पर आ गई

you can imagine all the things she saw up there

आप कल्पना कर सकते हैं कि उसने वहां क्या-क्या देखा होगा

and you can imagine all the things she had to talk about

और आप कल्पना कर सकते हैं कि उसके पास बात करने के लिए कितनी सारी चीजें थीं

But the finest thing, she said, was to lie on a sand bank

लेकिन सबसे अच्छी बात, उसने कहा, रेत के टीले पर लेटना है

in the quiet moonlit sea, near the shore

शांत चाँदनी समुद्र में, तट के पास

from there she had gazed at the lights on the land

वहाँ से उसने ज़मीन पर रोशनी को देखा था

they were the lights of the near-by town

वे पास के शहर की रोशनी थे

the lights had twinkled like hundreds of stars

रोशनियाँ सैकड़ों तारों की तरह टिमटिमा रही थीं

she had listened to the sounds of music from the town

उसने शहर से संगीत की आवाज़ें सुनी थीं

she had heard noise of carriages drawn by their horses

उसने घोड़ों द्वारा खींची जाने वाली गाड़ियों का शोर सुना था
and she had heard the voices of human beings
और उसने इंसानों की आवाज़ें सुनी थीं
and the had heard merry pealing of the bells
और उन्होंने घंटियों की मधुर ध्वनि सुनी थी
the bells ringing in the church steeples
चर्च की सीढ़ियों पर बजती घंटियाँ
but she could not go near all these wonderful things
लेकिन वह इन सभी अद्भुत चीजों के पास नहीं जा सकी
so she longed for these wonderful things all the more
इसलिए वह इन अद्भुत चीजों के लिए और भी अधिक तरसने लगी

you can imagine how eagerly the youngest sister listened
आप कल्पना कर सकते हैं कि सबसे छोटी बहन ने कितनी उत्सुकता से सुना होगा
the descriptions of the upper world were like a dream
ऊपरी दुनिया का वर्णन एक सपने जैसा था
afterwards she stood at the open window of her room
बाद में वह अपने कमरे की खुली खिड़की पर खड़ी थी
and she looked to the surface, through the dark-blue water
और उसने गहरे नीले पानी के माध्यम से सतह की ओर देखा
she thought of the great city her sister had told her of
वह उस महान शहर के बारे में सोचने लगी जिसके बारे में उसकी बहन ने उसे बताया था
the great city with all its bustle and noise
अपनी सारी हलचल और शोर के साथ महान शहर
she even fancied she could hear the sound of the bells
उसे तो यह भी लगा कि वह घंटियों की आवाज सुन सकती है

she imagined the sound of the bells carried to the depths of the sea
उसने कल्पना की कि घंटियों की ध्वनि समुद्र की गहराई तक पहुँच गई होगी

after another year the second sister had her birthday
एक साल बाद दूसरी बहन का जन्मदिन था
she too received permission to swim up to the surface
उसे भी सतह तक तैरने की अनुमति मिल गई
and from there she could swim about where she pleased
और वहां से वह जहां चाहे तैर सकती थी
She had gone to the surface just as the sun was setting
वह ठीक उसी समय सतह पर आ गई थी जब सूरज डूब रहा था
this, she said, was the most beautiful sight of all
उन्होंने कहा, यह सबसे सुंदर दृश्य था
The whole sky looked like a disk of pure gold
पूरा आकाश शुद्ध सोने की डिस्क की तरह लग रहा था
and there were violet and rose-colored clouds
और वहाँ बैंगनी और गुलाबी रंग के बादल थे
they were too beautiful to describe, she said
वे वर्णन करने के लिए बहुत सुंदर थे, उसने कहा
and she said how the clouds drifted across the sky
और उसने बताया कि कैसे बादल आसमान में घूम रहे थे
and something had flown by more swiftly than the clouds
और कुछ बादलों से भी अधिक तेजी से उड़ गया था
a large flock of wild swans flew toward the setting sun
जंगली हंसों का एक बड़ा झुंड डूबते सूरज की ओर उड़ रहा था
the swans had been like a long white veil across the sea
हंस समुद्र के पार एक लंबे सफेद घूंघट की तरह थे
She had also tried to swim towards the sun

उसने भी सूर्य की ओर तैरने की कोशिश की थी
but some distance away the sun sank into the waves
लेकिन कुछ दूर पर सूरज लहरों में डूब गया
she saw how the rosy tints faded from the clouds
उसने देखा कि कैसे बादलों से गुलाबी रंग फीका पड़ गया
and she saw how the colour had also faded from the sea
और उसने देखा कि समुद्र का रंग भी फीका पड़ गया था

the next year it was the third sister's turn
अगले साल तीसरी बहन की बारी थी
this sister was the most daring of all the sisters
यह बहन सभी बहनों में सबसे साहसी थी
she swam up a broad river that emptied into the sea
वह एक चौड़ी नदी में तैर गई जो समुद्र में गिरती थी
On the banks of the river she saw green hills
नदी के किनारे उसने हरी-भरी पहाड़ियाँ देखीं
the green hills were covered with beautiful vines
हरी-भरी पहाड़ियाँ खूबसूरत लताओं से ढकी हुई थीं
and on the hills there were forests of trees
और पहाड़ियों पर पेड़ों के जंगल थे
and out of the forests palaces and castles poked out
और जंगलों से महल और किले बाहर निकल आए
She had heard birds singing in the trees
उसने पेड़ों पर पक्षियों को गाते सुना था
and she had felt the rays of the sun on her skin
और उसने अपनी त्वचा पर सूरज की किरणों को महसूस किया था
the rays were so strong that she had to dive back
किरणें इतनी तेज़ थीं कि उसे वापस गोता लगाना पड़ा
and she cooled her burning face in the cool water

और उसने अपने जलते हुए चेहरे को ठंडे पानी में ठंडा किया
In a narrow creek she found a group of little children
एक संकरी खाड़ी में उसे छोटे बच्चों का एक समूह मिला
they were the first human children she had ever seen
वे पहले मानव बच्चे थे जिन्हें उसने कभी देखा था
She wanted to play with the children too
वह भी बच्चों के साथ खेलना चाहती थी
but the children fled from her in a great fright
लेकिन बच्चे बहुत डरकर उससे भाग गए
and then a little black animal came to the water
और फिर एक छोटा सा काला जानवर पानी में आया
it was a dog, but she did not know it was a dog
यह एक कुत्ता था, लेकिन वह नहीं जानती थी कि यह एक कुत्ता है
because she had never seen a dog before
क्योंकि उसने पहले कभी कुत्ता नहीं देखा था
and the dog barked at the mermaid furiously
और कुत्ता जलपरी पर गुस्से से भौंकने लगा
she became frightened and rushed back to the open sea
वह डर गई और खुले समुद्र की ओर भाग गई
But she said she should never forget the beautiful forest
लेकिन उसने कहा कि उसे खूबसूरत जंगल को कभी नहीं भूलना चाहिए
the green hills and the pretty children
हरी-भरी पहाड़ियाँ और सुंदर बच्चे
she found it exceptionally funny how they swam
उसे यह बहुत मज़ेदार लगा कि वे कैसे तैरते हैं
because the little human children didn't have tails
क्योंकि छोटे मानव बच्चों की पूंछ नहीं थी
so with their little legs they kicked the water

इसलिए उन्होंने अपने छोटे पैरों से पानी को लात मारी

The fourth sister was more timid than the last
चौथी बहन पिछली बहन से ज़्यादा डरपोक थी
She had decided to stay in the midst of the sea
उसने समुद्र के बीच में रहने का फैसला किया था
but she said it was as beautiful there as nearer the land
लेकिन उसने कहा कि यह उतना ही सुंदर है जितना कि भूमि के नजदीक
from the surface she could see many miles around her
सतह से वह अपने आस-पास कई मील तक देख सकती थी
the sky above her looked like a bell of glass
उसके ऊपर का आसमान कांच की घंटी जैसा लग रहा था
and she had seen the ships sail by
और उसने जहाजों को चलते देखा था
but the ships were at a very great distance from her
लेकिन जहाज़ उससे बहुत अधिक दूरी पर थे
and, with their sails, the ships looked like sea gulls
और, अपने पालों के साथ, जहाज़ समुद्री गल्स की तरह दिखते थे
she saw how the dolphins played in the waves
उसने देखा कि डॉल्फ़िन लहरों में कैसे खेलती हैं
and great whales spouted water from their nostrils
और बड़ी व्हेलों ने अपने नथुनों से पानी उगल दिया
like a hundred fountains all playing together
जैसे सौ फव्वारे एक साथ खेल रहे हों

The fifth sister's birthday occurred in the winter
पांचवी बहन का जन्मदिन सर्दियों में हुआ
so she saw things that the others had not seen

इसलिए उसने ऐसी चीजें देखीं जो दूसरों ने नहीं देखी थीं
at this time of the year the sea looked green
साल के इस समय समुद्र हरा दिखता था
large icebergs were floating on the green water
हरे पानी पर बड़े-बड़े हिमखंड तैर रहे थे
and each iceberg looked like a pearl, she said
और प्रत्येक हिमखंड मोती जैसा दिखता था, उसने कहा
but they were larger and loftier than the churches
लेकिन वे चर्चों से बड़े और ऊंचे थे
and they were of the most interesting shapes
और वे सबसे दिलचस्प आकार के थे
and each iceberg glittered like diamonds
और प्रत्येक हिमखंड हीरे की तरह चमक रहा था
She had seated herself on one of the icebergs
वह एक हिमखंड पर बैठ गई थी
and she let the wind play with her long hair
और उसने हवा को अपने लंबे बालों के साथ खेलने दिया
She noticed something interesting about the ships
उसने जहाजों के बारे में कुछ दिलचस्प बात देखी
all the ships sailed past the icebergs very rapidly
सभी जहाज़ बहुत तेज़ी से हिमखंडों के पास से निकल गए
and they steered away as far as they could
और वे जहाँ तक हो सका वहाँ से दूर चले गए
it was as if they were afraid of the iceberg
ऐसा लग रहा था मानो वे हिमखंड से डर रहे हों
she stayed out at sea into the evening
वह शाम तक समुद्र में ही रही
the sun went down and dark clouds covered the sky
सूरज डूब गया और आसमान पर काले बादल छा गए
the thunder rolled across the ocean of icebergs
हिमखंडों के सागर में गड़गड़ाहट गूंजी

and the flashes of lightning glowed red on the icebergs
और हिमखंडों पर बिजली की चमक लाल चमक रही थी
and the icebergs were tossed about by the heaving sea
और उफनते समुद्र के कारण हिमखंड इधर-उधर उछल रहे थे
the sails of all the ships were trembling with fear
सभी जहाजों के पाल भय से कांप रहे थे
and the mermaid sat calmly on the floating iceberg
और मत्स्यांगना तैरते हिमखंड पर शांति से बैठी रही
and she watched the lightning strike into the sea
और उसने समुद्र में बिजली गिरते हुए देखा

All of her five older sisters had grown up now
उसकी पाँचों बड़ी बहनें अब बड़ी हो गई थीं
therefore they could go to the surface when they pleased
इसलिए वे जब चाहें सतह पर जा सकते थे
at first they were delighted with the surface world
पहले तो वे सतही दुनिया से खुश थे
they couldn't get enough of the new and beautiful sights
वे नए और खूबसूरत नज़ारों का भरपूर आनंद नहीं ले पाए
but eventually they all grew indifferent towards the upper world
लेकिन अंततः वे सभी ऊपरी दुनिया के प्रति उदासीन हो गए
and after a month they didn't visit the surface world much at all anymore
और एक महीने के बाद वे सतही दुनिया में बिल्कुल भी नहीं गए
they told their sister it was much more beautiful at home
उन्होंने अपनी बहन से कहा कि घर पर यह बहुत सुंदर है

Yet often, in the evening hours, they did go up
फिर भी अक्सर, शाम के समय, वे ऊपर चले जाते थे

the five sisters twined their arms round each other
पांचों बहनों ने एक दूसरे को बांहों में भर लिया
and together, arm in arm, they rose to the surface
और एक साथ, हाथ में हाथ डालकर, वे सतह पर आ गए
often they went up when there was a storm approaching
अक्सर वे तब ऊपर चले जाते थे जब कोई तूफान आने वाला होता था
they feared that the storm might win a ship
उन्हें डर था कि कहीं तूफ़ान जहाज़ को न हरा दे
so they swam to the vessel and sung to the sailors
इसलिए वे तैरकर जहाज तक पहुंचे और नाविकों के लिए गीत गाए
Their voices were more charming than that of any human
उनकी आवाज़ किसी भी इंसान की आवाज़ से ज़्यादा आकर्षक थी
and they begged the voyagers not to fear if they sank
और उन्होंने यात्रियों से विनती की कि यदि वे डूब भी जाएं तो भी उन्हें डरने की आवश्यकता नहीं है
because the depths of the sea was full of delights
क्योंकि समुद्र की गहराई खुशियों से भरी थी
But the sailors could not understand their songs
लेकिन नाविक उनके गीतों को समझ नहीं पाए
and they thought their singing was the sighing of the storm
और उन्हें लगा कि उनका गाना तूफ़ान की आह है
therefore their songs were never beautiful to the sailors
इसलिए नाविकों को उनके गीत कभी भी सुन्दर नहीं लगते थे
because if the ship sank the men would drown
क्योंकि अगर जहाज डूब गया तो लोग डूब जाएंगे
the dead gained nothing from the palace of the Sea King
मृतकों को समुद्र राजा के महल से कुछ भी हासिल नहीं हुआ

but their youngest sister was left at the bottom of the sea
लेकिन उनकी सबसे छोटी बहन समुद्र की तलहटी में रह गई
looking up at them, she was ready to cry
उनकी ओर देखते हुए, वह रोने को तैयार थी
you should know mermaids have no tears that they can cry
तुम्हें पता होना चाहिए कि जलपरियों के पास आंसू नहीं होते कि वे रो सकें
so her pain and suffering was more acute than ours
इसलिए उसका दर्द और पीड़ा हमसे ज़्यादा तीव्र थी
"Oh, I wish I was also fifteen years old!" said she
"ओह, काश मैं भी पंद्रह साल की होती!" उसने कहा
"I know that I shall love the world up there"
"मुझे पता है कि मैं वहाँ की दुनिया से प्यार करूंगा"
"and I shall love all the people who live in that world"
"और मैं उस दुनिया में रहने वाले सभी लोगों से प्यार करूंगा"

The Little Mermaid's Birthday
लिटिल मरमेड का जन्मदिन

but, at last, she too reached her fifteenth birthday
लेकिन, आख़िरकार, वह भी अपने पंद्रहवें जन्मदिन पर पहुंच गई

"Well, now you are grown up," said her grandmother
"अच्छा, अब तुम बड़ी हो गयी हो," उसकी दादी ने कहा

"Come, and let me adorn you like your sisters"
"आओ, मैं तुम्हें अपनी बहनों की तरह सजाऊँ"

And she placed a wreath of white lilies in her hair
और उसने अपने बालों में सफ़ेद लिली की एक माला रखी

every petal of the lilies was half a pearl
लिली की हर पंखुड़ी आधी मोती थी

Then, the old lady ordered eight great oysters to come
फिर, बूढ़ी औरत ने आठ बड़ी सीपियाँ लाने का आदेश दिया

the oysters attached themselves to the tail of the princess
सीपियाँ राजकुमारी की पूँछ से चिपक गईं

under the sea oysters are used to show your rank
समुद्र के नीचे सीपों का उपयोग आपकी रैंक दिखाने के लिए किया जाता है

"But the oysters hurt me so," said the little mermaid
"लेकिन सीपियों ने मुझे बहुत चोट पहुंचाई," छोटी मत्स्यांगना ने कहा

"Yes, I know oysters hurt," replied the old lady
"हाँ, मुझे पता है कि सीपियाँ दुखती हैं," बूढ़ी औरत ने जवाब दिया

"but you know very well that pride must suffer pain"
"लेकिन आप अच्छी तरह जानते हैं कि घमंड को दर्द सहना ही पड़ता है"

how gladly she would have shaken off all this grandeur
वह कितनी ख़ुशी से इस सारी भव्यता को झटक देती
she would have loved to lay aside the heavy wreath!
वह भारी पुष्पमाला को एक तरफ रखना पसंद करती!
she thought of the red flowers in her own garden
उसने अपने बगीचे के लाल फूलों के बारे में सोचा
the red flowers would have suited her much better
लाल फूल उसके लिए ज्यादा उपयुक्त होते
But she could not change herself into something else
लेकिन वह खुद को किसी और चीज़ में नहीं बदल सकती थी
so she said farewell to her grandmother and sisters
इसलिए उसने अपनी दादी और बहनों को अलविदा कहा
and, as lightly as a bubble, she rose to the surface
और, एक बुलबुले की तरह, वह सतह पर आ गई

The sun had just set when she raised her head above the waves
सूरज अभी डूबा ही था जब उसने अपना सिर लहरों से ऊपर उठाया
The clouds were tinted with crimson and gold from the sunset
सूर्यास्त के कारण बादल लाल और सुनहरे रंग में रंग गए थे
and through the glimmering twilight beamed the evening star
और टिमटिमाते हुए गोधूलि के बीच शाम का तारा चमक उठा
The sea was calm, and the sea air was mild and fresh
समुद्र शांत था, और समुद्री हवा हल्की और ताज़ा थी
A large ship with three masts lay lay calmly on the water
तीन मस्तूलों वाला एक बड़ा जहाज़ पानी पर शांति से पड़ा था
only one sail was set, for not a breeze stirred

केवल एक पाल स्थापित किया गया था, क्योंकि हवा नहीं चल रही थी

and the sailors sat idle on deck, or amidst the rigging
और नाविक डेक पर या रस्सियों के बीच बेकार बैठे रहते थे

There was music and songs on board of the ship
जहाज़ पर संगीत और गाने बज रहे थे

as darkness came a hundred colored lanterns were lighted
जैसे ही अंधेरा हुआ, सैकड़ों रंगीन लालटेन जलाई गईं

it was as if the flags of all nations waved in the air
ऐसा लग रहा था मानो सभी देशों के झंडे हवा में लहरा रहे हों

The little mermaid swam close to the cabin windows
छोटी जलपरी केबिन की खिड़कियों के करीब तैर गई

now and then the waves of the sea lifted her up
कभी-कभी समुद्र की लहरें उसे ऊपर उठा लेती थीं

she could look in through the glass window-panes
वह कांच की खिड़की के शीशों से अंदर देख सकती थी

and she could see a number of curiously dressed people
और वह कई अजीबोगरीब कपड़े पहने लोगों को देख सकती थी

Among the people she could see there was a young prince
जिन लोगों को वह देख सकती थी उनमें एक युवा राजकुमार भी था

the prince was the most beautiful of them all
राजकुमार उन सब में सबसे सुंदर था

she had never seen anyone with such beautiful eyes
उसने कभी किसी को इतनी खूबसूरत आँखों वाला नहीं देखा था

it was the celebration of his sixteenth birthday
यह उनके सोलहवें जन्मदिन का उत्सव था

The sailors were dancing on the deck of the ship
नाविक जहाज़ के डेक पर नाच रहे थे
all cheered when the prince came out of the cabin
जब राजकुमार केबिन से बाहर आया तो सभी खुशी से झूम उठे
and more than a hundred rockets rose into the air
और सौ से अधिक रॉकेट हवा में उठे
for some time the fireworks made the sky as bright as day
कुछ देर के लिए आतिशबाजी से आसमान दिन जैसा चमकीला हो गया
of course our young mermaid had never seen fireworks before
बेशक हमारी युवा मत्स्यांगना ने पहले कभी आतिशबाजी नहीं देखी थी
startled by all the noise, she went back under the water
सारे शोर से चौंककर वह वापस पानी के नीचे चली गई
but soon she again stretched out her head
लेकिन जल्द ही उसने फिर से अपना सिर बाहर निकाला
it was as if all the stars of heaven were falling around her
ऐसा लग रहा था मानो स्वर्ग के सारे तारे उसके चारों ओर टूट पड़े हों
splendid fireflies flew up into the blue air
शानदार जुगनू नीली हवा में उड़ गए
and everything was reflected in the clear, calm sea
और सब कुछ साफ़, शांत समुद्र में प्रतिबिंबित हो रहा था
The ship itself was brightly illuminated by all the light
जहाज़ स्वयं सभी प्रकाश से जगमगा रहा था
she could see all the people and even the smallest rope
वह सभी लोगों को और यहां तक कि सबसे छोटी रस्सी को भी देख सकती थी

How handsome the young prince looked thanking his guests!
युवा राजकुमार अपने मेहमानों को धन्यवाद देते हुए कितना सुंदर लग रहा था!
and the music resounded through the clear night air!
और संगीत रात की साफ़ हवा में गूंज उठा!

the birthday celebrations lasted late into the night
जन्मदिन का जश्न देर रात तक चला
but the little mermaid could not take her eyes from the ship
लेकिन छोटी मत्स्यांगना जहाज से अपनी आँखें नहीं हटा सकी
nor could she take her eyes from the beautiful prince
न ही वह सुंदर राजकुमार से अपनी आँखें हटा सकती थी
The colored lanterns had now been extinguished
रंगीन लालटेनें अब बुझ चुकी थीं
and there were no more rockets that rose into the air
और कोई भी रॉकेट हवा में नहीं उठा
the cannon of the ship had also ceased firing
जहाज़ की तोपों ने भी गोलीबारी बंद कर दी थी
but now it was the sea that became restless
लेकिन अब समुद्र बेचैन हो गया था
a moaning, grumbling sound could be heard beneath the waves
लहरों के नीचे कराहने और बड़बड़ाने की आवाज़ सुनी जा सकती थी
and yet, the little mermaid remained by the cabin window
और फिर भी, छोटी जलपरी केबिन की खिड़की के पास ही रही
she was rocking up and down on the water
वह पानी पर ऊपर नीचे हिल रही थी
so that she could keep looking into the ship
ताकि वह जहाज़ के अंदर देखती रहे

After a while the sails were quickly set
थोड़ी देर बाद पाल जल्दी से सेट कर दिए गए
and the ship went on her way back to port
और जहाज़ वापस बंदरगाह की ओर चल पड़ा

But soon the waves rose higher and higher
लेकिन जल्द ही लहरें ऊंची और ऊंची उठने लगीं
dark, heavy clouds darkened the night sky
काले, घने बादलों ने रात के आसमान को काला कर दिया
and there appeared flashes of lightning in the distance
और दूर-दूर तक बिजली चमकती दिखाई दी
not far away a dreadful storm was approaching
कुछ ही दूरी पर एक भयानक तूफान आ रहा था
Once more the sails were lowered against the wind
एक बार फिर पाल हवा के विरुद्ध नीचे कर दिए गए
and the great ship pursued her course over the raging sea
और विशाल जहाज उग्र समुद्र पर अपना रास्ता जारी रखता रहा
The waves rose as high as the mountains
लहरें पहाड़ों जितनी ऊंची उठ गईं
one would have thought the waves were going to have the ship
कोई सोचता होगा कि लहरें जहाज को ले जाएंगी
but the ship dived like a swan between the waves
लेकिन जहाज लहरों के बीच हंस की तरह गोता लगा रहा था
then she rose again on their lofty, foaming crests
फिर वह उनकी ऊंची, झागदार चोटियों पर फिर से उठी
To the little mermaid this was pleasant to watch
छोटी जलपरी के लिए यह देखना सुखद था
but it was not pleasant for the sailors
लेकिन नाविकों के लिए यह सुखद नहीं था

the ship made awful groaning and creaking sounds
जहाज़ से भयानक कराहने और चरमराने की आवाज़ें आ रही थीं
and the waves broke over the deck of the ship again and again
और लहरें जहाज़ के डेक पर बार-बार टूटती रहीं
the thick planks gave way under the lashing of the sea
समुद्र की मार से मोटे तख्ते ढह गए
under the pressure the mainmast snapped asunder, like a reed
दबाव के कारण मुख्य मस्तूल एक सरकंडे की तरह टूटकर बिखर गया
and, as the ship lay over on her side, the water rushed in
और, जैसे ही जहाज़ अपनी तरफ़ झुका, पानी अंदर घुस आया

The little mermaid realized that the crew were in danger
छोटी जलपरी को एहसास हुआ कि चालक दल खतरे में था
her own situation wasn't without danger either
उसकी अपनी स्थिति भी ख़तरे से खाली नहीं थी
she had to avoid the beams and planks scattered in the water
उसे पानी में बिखरे बीम और तख्तों से बचना था
for a moment everything turned into complete darkness
एक पल के लिए सब कुछ पूर्ण अंधकार में बदल गया
and the little mermaid could not see where she was
और छोटी मत्स्यकन्या यह नहीं देख पा रही थी कि वह कहाँ है
but then a flash of lightning revealed the whole scene
लेकिन तभी बिजली की चमक ने पूरा दृश्य उजागर कर दिया
she could see everyone was still on board of the ship
वह देख सकती थी कि सभी लोग अभी भी जहाज़ पर थे
well, everyone was on board of the ship, except the prince

खैर, राजकुमार को छोड़कर हर कोई जहाज पर था
the ship continued on its path to the land
जहाज़ ज़मीन की ओर अपने रास्ते पर आगे बढ़ता रहा
and she saw the prince sink into the deep waves
और उसने राजकुमार को गहरी लहरों में डूबते देखा
for a moment this made her happier than it should have
एक पल के लिए तो उसे इससे ज़्यादा ख़ुशी हुई जितनी होनी चाहिए थी
now that he was in the sea she could be with him
अब वह समुद्र में था तो वह उसके साथ हो सकती थी
Then she remembered the limits of human beings
तब उसे मनुष्य की सीमाएं याद आईं
the people of the land cannot live in the water
ज़मीन के लोग पानी में नहीं रह सकते
if he got to the palace he would already be dead
अगर वह महल में पहुंच जाता तो वह पहले ही मर चुका होता
"No, he must not die!" she decided
"नहीं, उसे नहीं मरना चाहिए!" उसने निर्णय लिया
she forget any concern for her own safety
वह अपनी सुरक्षा की चिंता भूल जाती है
and she swam through the beams and planks
और वह बीम और तख्तों के बीच से तैर कर गुज़री
two beams could easily crush her to pieces
दो बीम आसानी से उसे टुकड़े टुकड़े कर सकते थे
she dove deep under the dark waters
वह अँधेरे पानी के नीचे गहरे गोते लगाती रही
everything rose and fell with the waves
सब कुछ लहरों के साथ उठता और गिरता था
finally, she managed to reach the young prince
अंततः वह युवा राजकुमार तक पहुंचने में सफल रही
he was fast losing the power to swim in the stormy sea

वह तेजी से तूफानी समुद्र में तैरने की शक्ति खो रहा था
His limbs were starting to fail him
उसके अंग काम करना बंद करने लगे थे
and his beautiful eyes were closed
और उसकी सुन्दर आँखें बंद थीं
he would have died had the little mermaid not come
वह मर जाता अगर छोटी जलपरी नहीं आती
She held his head above the water
उसने उसका सिर पानी से ऊपर उठाया
and she let the waves carry them where they wanted
और उसने लहरों को उन्हें जहाँ वे चाहती थीं ले जाने दिया

In the morning the storm had ceased
सुबह तक तूफ़ान थम चुका था
but of the ship not a single fragment could be seen
लेकिन जहाज का एक भी टुकड़ा नहीं देखा जा सका
The sun came up, red and shining, out of the water
सूरज पानी से बाहर निकलकर लाल और चमकता हुआ निकल आया।
the sun's beams had a healing effect on the prince
सूर्य की किरणों का राजकुमार पर उपचारात्मक प्रभाव पड़ा
the hue of health returned to the prince's cheeks
राजकुमार के गालों पर स्वास्थ्य की रंगत लौट आई
but despite the sun, his eyes remained closed
लेकिन सूरज के बावजूद उसकी आँखें बंद रहीं
The mermaid kissed his high, smooth forehead
मत्स्यकन्या ने उसके ऊँचे, चिकने माथे को चूमा
and she stroked back his wet hair
और उसने उसके गीले बालों को पीछे की ओर सहलाया
He seemed to her like the marble statue in her garden

वह उसे अपने बगीचे में संगमरमर की मूर्ति की तरह लग रहा था

so she kissed him again, and wished that he lived
इसलिए उसने उसे फिर से चूमा, और कामना की कि वह जीवित रहे

Presently, they came in sight of land
शीघ्र ही वे भूमि के निकट आ गए।
and she saw lofty blue mountains on the horizon
और उसने क्षितिज पर ऊंचे नीले पहाड़ देखे
on top of the mountains the white snow rested
पहाड़ों की चोटी पर सफ़ेद बर्फ़ जमी थी
as if a flock of swans were lying upon the mountains
मानो हंसों का झुंड पहाड़ों पर लेटा हो
Beautiful green forests were near the shore
तट के पास सुन्दर हरे जंगल थे
and close by there stood a large building
और पास ही एक बड़ी इमारत खड़ी थी
it could have been a church or a convent
यह एक चर्च या कॉन्वेंट हो सकता था
but she was still too far away to be sure
लेकिन वह अभी भी बहुत दूर थी, इसलिए यकीन नहीं हो रहा था
Orange and citron trees grew in the garden
बगीचे में संतरे और नीबू के पेड़ उग आए
and before the door stood lofty palms
और दरवाजे के सामने ऊँचे-ऊँचे ताड़ के पेड़ खड़े थे
The sea here formed a little bay
यहाँ समुद्र ने एक छोटी सी खाड़ी बना दी
in the bay the water lay quiet and still

खाड़ी में पानी शांत और स्थिर था
but although the water was still, it was very deep
लेकिन हालांकि पानी शांत था, यह बहुत गहरा था
She swam with the handsome prince to the beach
वह सुन्दर राजकुमार के साथ समुद्र तट तक तैरकर गई
the beach was covered with fine white sand
समुद्र तट महीन सफ़ेद रेत से ढका हुआ था
and on the sand she laid him in the warm sunshine
और रेत पर उसने उसे गर्म धूप में लिटा दिया
she took care to raise his head higher than his body
उसने उसके सिर को उसके शरीर से अधिक ऊंचा उठाने का ध्यान रखा
Then bells sounded from the large white building
तभी बड़ी सफ़ेद इमारत से घंटियाँ बजने लगीं
some young girls came into the garden
कुछ युवा लड़कियाँ बगीचे में आईं
The little mermaid swam out farther from the shore
छोटी जलपरी किनारे से दूर तैर गई
she hid herself among some high rocks in the water
वह पानी में कुछ ऊंची चट्टानों के बीच छिप गई
she covered her head and neck with the foam of the sea
उसने अपना सिर और गर्दन समुद्र के झाग से ढक लिया
and she watched to see what would become of the poor prince
और वह यह देखने के लिए ताक में थी कि बेचारे राजकुमार का क्या होगा

It was not long before she saw a young girl approach
कुछ ही देर में उसने एक जवान लड़की को अपनी ओर आते देखा।

- 32 -

the young girl seemed frightened, at first
पहले तो वह युवती डरी हुई लग रही थी
but her fear only lasted for a moment
लेकिन उसका डर बस कुछ पल के लिए ही रहा
then she brought over a number of people
फिर वह कई लोगों को लेकर आई
and the mermaid saw that the prince came to life again
और मत्स्यकन्या ने देखा कि राजकुमार फिर से जीवित हो गया
he smiled upon those who stood around him
वह अपने आस-पास खड़े लोगों पर मुस्कुराया
But to the little mermaid the prince sent no smile
लेकिन छोटी मत्स्यांगना को राजकुमार ने कोई मुस्कान नहीं भेजी
he knew not that it was her who had saved him
वह नहीं जानता था कि यह वह थी जिसने उसे बचाया था
This made the little mermaid very sorrowful
इससे छोटी मत्स्यकन्या बहुत दुखी हो गई
and then he was led away into the great building
और फिर उसे बड़ी इमारत में ले जाया गया
and the little mermaid dived down into the water
और छोटी जलपरी पानी में कूद पड़ी
and she returned to her father's castle
और वह अपने पिता के महल में लौट आई

The Little Mermaid Longs for the Upper World
छोटी जलपरी ऊपरी दुनिया के लिए तरसती है

She had always been the most silent and thoughtful of the sisters
वह हमेशा बहनों में सबसे शांत और विचारशील रही थी
and now she was more silent and thoughtful than ever
और अब वह पहले से कहीं अधिक शांत और विचारशील थी
Her sisters asked her what she had seen on her first visit
उसकी बहनों ने उससे पूछा कि उसने अपनी पहली यात्रा में क्या देखा था
but she could tell them nothing of what she had seen
लेकिन वह उन्हें कुछ भी नहीं बता सकी कि उसने क्या देखा था
Many an evening and morning she returned to the surface
कई शाम और सुबह वह सतह पर लौट आती थी
and she went to the place where she had left the prince
और वह उस स्थान पर गई जहाँ उसने राजकुमार को छोड़ा था
She saw the fruits in the garden ripen
उसने बगीचे में फल पकते देखे
and she watched the fruits gathered from their trees
और वह पेड़ों से फल इकट्ठा होते देखती रही
she watched the snow on the mountain tops melt away
उसने पहाड़ की चोटियों पर जमी बर्फ को पिघलते देखा
but on none of her visits did she see the prince again
लेकिन अपनी किसी भी यात्रा पर उसने राजकुमार को दोबारा नहीं देखा
and therefore she always returned more sorrowful than when she left

और इसलिए वह हमेशा उससे भी अधिक दुखी होकर लौटती थी, जितना कि जब वह गई थी

her only comfort was sitting in her own little garden
उसका एकमात्र आराम अपने छोटे से बगीचे में बैठना था
she flung her arms around the beautiful marble statue
उसने अपनी बाहें सुंदर संगमरमर की मूर्ति के चारों ओर लपेट दीं
the statue which looked just like the prince
वह मूर्ति जो बिल्कुल राजकुमार जैसी दिखती थी
She had given up tending to her flowers
उसने अपने फूलों की देखभाल करना छोड़ दिया था
and her garden grew in wild confusion
और उसका बगीचा जंगली भ्रम में बढ़ गया
they twinied the long leaves and stems of the flowers around the trees
उन्होंने पेड़ों के चारों ओर फूलों की लंबी पत्तियों और तनों को लपेटा
so that the whole garden became dark and gloomy
जिससे पूरा बगीचा अंधकारमय और उदास हो गया

eventually she could bear the pain no longer
अंततः वह दर्द सहन नहीं कर सकी
and she told one of her sisters all that had happened
और उसने अपनी एक बहन को सारी बात बताई
soon the other sisters heard the secret
जल्द ही अन्य बहनों को रहस्य पता चल गया
and very soon her secret became known to several maids
और बहुत जल्द ही उसका रहस्य कई नौकरानियों को पता चल गया

one of the maids had a friend who knew about the prince
नौकरानियों में से एक की सहेली राजकुमार के बारे में जानती थी
She had also seen the festival on board the ship
उसने जहाज़ पर भी यह उत्सव देखा था
and she told them where the prince came from
और उसने उन्हें बताया कि राजकुमार कहाँ से आया है
and she told them where his palace stood
और उसने उन्हें बताया कि उसका महल कहाँ है

"Come, little sister," said the other princesses
"आओ, छोटी बहन," अन्य राजकुमारियों ने कहा
they entwined their arms and rose up together
उन्होंने अपनी बाहें आपस में फंसा लीं और एक साथ उठ खड़े हुए
they went near to where the prince's palace stood
वे उस स्थान के पास गए जहाँ राजकुमार का महल था
the palace was built of bright-yellow, shining stone
महल चमकीले पीले, चमकदार पत्थर से बना था
and the palace had long flights of marble steps
और महल में संगमरमर की लंबी सीढ़ियाँ थीं
one of the flights of steps reached down to the sea
सीढ़ियों की एक उड़ान समुद्र तक पहुँचती थी
Splendid gilded cupolas rose over the roof
छत के ऊपर शानदार सोने का पानी चढ़ा हुआ गुंबद उभरा
the whole building was surrounded by pillars
पूरी इमारत खंभों से घिरी हुई थी
and between the pillars stood lifelike statues of marble
और स्तंभों के बीच संगमरमर की सजीव मूर्तियाँ खड़ी थीं
they could see through the clear crystal of the windows

वे खिड़कियों के साफ़ क्रिस्टल के आर-पार देख सकते थे
and they could look into the noble rooms
और वे महान कमरों में देख सकते थे
costly silk curtains and tapestries hung from the ceiling
छत से महंगे रेशमी पर्दे और टेपेस्ट्री लटकाए गए
and the walls were covered with beautiful paintings
और दीवारें सुंदर चित्रों से ढकी हुई थीं
In the centre of the largest salon was a fountain
सबसे बड़े सैलून के केंद्र में एक फव्वारा था
the fountain threw its sparkling jets high up
फव्वारे ने अपनी चमकती हुई धारें ऊपर फेंकी
the water splashed onto the glass cupola of the ceiling
पानी छत के कांच के गुंबद पर छलक गया
and the sun shone in through the water
और सूरज पानी के माध्यम से चमक रहा था
and the water splashed on the plants around the fountain
और पानी फव्वारे के आसपास के पौधों पर छिड़का गया

Now the little mermaid knew where the prince lived
अब छोटी मत्स्यकन्या को पता चल गया था कि राजकुमार कहाँ रहता है
so she spent many a night in those waters
इसलिए उसने कई रातें उन पानी में बिताईं
she got more courageous than her sisters had been
वह अपनी बहनों से अधिक साहसी हो गई
and she swam much nearer the shore than they had
और वह किनारे के बहुत करीब तैर गई, जितना वे पहले तैर चुके थे।
once she went up the narrow channel, under the marble balcony

एक बार वह संकरी नहर से ऊपर गई, संगमरमर की बालकनी के नीचे

the balcony threw a broad shadow on the water
बालकनी ने पानी पर एक व्यापक छाया फेंकी
Here she sat and watched the young prince
यहाँ वह बैठी और युवा राजकुमार को देखती रही
he, of course, thought he was alone in the bright moonlight
बेशक, उसे लगा कि वह चमकती चाँदनी में अकेला है

She often saw him in the evenings, sailing in a beautiful boat
वह अक्सर उसे शाम को एक खूबसूरत नाव में यात्रा करते हुए देखती थी
music sounded from the boat and the flags waved
नाव से संगीत बज रहा था और झंडे लहरा रहे थे
She peeped out from among the green rushes
वह हरी झाड़ियों के बीच से झाँक रही थी
at times the wind caught her long silvery-white veil
कभी-कभी हवा उसके लंबे चांदी-सफेद घूंघट को पकड़ लेती थी
those who saw her veil believed it to be a swan
जिन लोगों ने उसका घूंघट देखा, उन्होंने उसे हंस समझा
her veil had all the appearance of a swan spreading its wings
उसका घूंघट एक हंस के पंख फैलाने जैसा लग रहा था

Many a night, too, she watched the fishermen set their nets
कई रातों को वह मछुआरों को जाल बिछाते हुए देखती थी
they cast their nets in the light of their torches
वे अपनी मशालों की रोशनी में अपने जाल फेंकते हैं
and she heard them tell many good things about the prince

और उसने उन्हें राजकुमार के बारे में बहुत अच्छी बातें बताते सुना
this made her glad that she had saved his life
इससे उसे खुशी हुई कि उसने उसकी जान बचाई थी
when he was tossed around half dead on the waves
जब वह लहरों पर अधमरा होकर इधर-उधर फेंका जा रहा था
She remembered how his head had rested on her bosom
उसे याद आया कि कैसे उसका सिर उसकी छाती पर टिका हुआ था
and she remembered how heartily she had kissed him
और उसे याद आया कि उसने उसे कितने दिल से चूमा था
but he knew nothing of all that had happened
लेकिन उसे कुछ भी पता नहीं था कि क्या हुआ था
the young prince could not even dream of the little mermaid
युवा राजकुमार छोटी जलपरी के बारे में सपने में भी नहीं सोच सकता था

She grew to like human beings more and more
वह मनुष्यों को अधिकाधिक पसंद करने लगी
she wished more and more to be able to wander their world
वह और अधिक उनकी दुनिया में घूमने की इच्छा रखती थी
their world seemed to be so much larger than her own
उनकी दुनिया उसकी अपनी दुनिया से कहीं ज़्यादा बड़ी लगती थी
They could fly over the sea in ships
वे समुद्र के ऊपर जहाज़ों में उड़ सकते थे
and they could mount the high hills far above the clouds
और वे बादलों से भी ऊपर ऊंची पहाड़ियों पर चढ़ सकते थे
in their lands they possessed woods and fields
उनकी ज़मीन पर जंगल और खेत थे

the greenery stretched beyond the reach of her sight
हरियाली उसकी नज़रों से परे फैली हुई थी
There was so much that she wished to know!
वह बहुत कुछ जानना चाहती थी!
but her sisters were unable to answer all her questions
लेकिन उसकी बहनें उसके सभी सवालों का जवाब देने में असमर्थ थीं
She then went to her old grandmother for answers
फिर वह जवाब के लिए अपनी बूढ़ी दादी के पास गई
her grandmother knew all about the upper world
उसकी दादी ऊपरी दुनिया के बारे में सब जानती थीं
she rightly called this world "the lands above the sea"
उन्होंने सही ही इस दुनिया को "समुद्र के ऊपर की भूमि" कहा

"If human beings are not drowned, can they live forever?"
"यदि मनुष्य डूब न जाए तो क्या वह हमेशा जीवित रह सकता है?"
"Do they never die, as we do here in the sea?"
"क्या वे कभी नहीं मरते, जैसा कि हम यहाँ समुद्र में मरते हैं?"
"Yes, they die too," replied the old lady
"हाँ, वे भी मरते हैं," बूढ़ी औरत ने जवाब दिया
"like us, they must also die," added her grandmother
"हमारी तरह उन्हें भी मरना होगा," उनकी दादी ने कहा
"and their lives are even shorter than ours"
"और उनका जीवन हमसे भी छोटा है"
"We sometimes live for three hundred years"
"हम कभी-कभी तीन सौ साल तक जीवित रहते हैं"
"but when we cease to exist here we become foam"

"लेकिन जब हमारा अस्तित्व समाप्त हो जाता है तो हम झाग बन जाते हैं"
"and we float on the surface of the water"
"और हम पानी की सतह पर तैरते हैं"
"we do not have graves for those we love"
"हम जिनसे प्यार करते हैं उनके लिए हमारे पास कब्र नहीं है"
"and we have not immortal souls"
"और हमारे पास अमर आत्मा नहीं है"
"after we die we shall never live again"
"मरने के बाद हम कभी जीवित नहीं रह सकेंगे"
"like the green seaweed, once it has been cut off"
"हरे समुद्री शैवाल की तरह, एक बार इसे काट दिया गया है"
"after we die, we can never flourish again"
"हमारे मरने के बाद, हम कभी भी फिर से विकसित नहीं हो सकते"
"Human beings, on the contrary, have souls"
"इसके विपरीत, मनुष्य में आत्मा होती है"
"even after they're dead their souls live forever"
"यहां तक कि मरने के बाद भी उनकी आत्माएं हमेशा जीवित रहती हैं"
"when we die our bodies turn to foam"
"जब हम मरते हैं तो हमारा शरीर झाग में बदल जाता है"
"when they die their bodies turn to dust"
"जब वे मर जाते हैं तो उनका शरीर धूल में बदल जाता है"
"when we die we rise through the clear, blue water"
"जब हम मरते हैं तो हम साफ़, नीले पानी से होकर ऊपर उठते हैं"
"when they die they rise up through the clear, pure air"
"जब वे मरते हैं तो वे स्वच्छ, शुद्ध हवा के माध्यम से ऊपर उठते हैं"

"when we die we float no further than the surface"
"जब हम मरते हैं तो हम सतह से आगे नहीं तैरते"
"but when they die they go beyond the glittering stars"
"लेकिन जब वे मरते हैं तो वे चमकते सितारों से भी आगे निकल जाते हैं"
"we rise out of the water to the surface"
"हम पानी से सतह पर आ जाते हैं"
"and we behold all the land of the earth"
"और हम पृथ्वी की सारी भूमि को देखते हैं"
"they rise to unknown and glorious regions"
"वे अज्ञात और गौरवशाली क्षेत्रों की ओर बढ़ते हैं"
"glorious and unknown regions which we shall never see"
"शानदार और अज्ञात क्षेत्र जिन्हें हम कभी नहीं देख पाएंगे"
the little mermaid mourned her lack of a soul
छोटी जलपरी ने अपनी आत्मा की कमी पर शोक व्यक्त किया
"Why have not we immortal souls?" asked the little mermaid
"हमारे पास अमर आत्माएं क्यों नहीं हैं?" छोटी मत्स्यकन्या ने पूछा।
"I would gladly give all the hundreds of years that I have"
"मैं खुशी-खुशी अपने सभी सैकड़ों वर्ष दे दूंगा"
"I would trade it all to be a human being for one day"
"मैं एक दिन के लिए इंसान बनने के लिए अपना सबकुछ दांव पर लगा दूंगा"
"I can not imagine the hope of knowing such happiness"
"मैं ऐसी खुशी पाने की आशा की कल्पना भी नहीं कर सकता"
"the happiness of that glorious world above the stars"
"सितारों के ऊपर उस शानदार दुनिया की खुशी"
"You must not think that way," said the old woman
"तुम्हें ऐसा नहीं सोचना चाहिए," बूढ़ी औरत ने कहा

"We believe that we are much happier than the humans"
"हमारा मानना है कि हम मनुष्यों की तुलना में अधिक खुश हैं"
"and we believe we are much better off than human beings"
"और हम मानते हैं कि हम मनुष्यों से कहीं बेहतर हैं"

"So I shall die," said the little mermaid
"तो मैं मर जाऊंगी," छोटी मत्स्यकन्या ने कहा
"being the foam of the sea, I shall be washed about"
"मैं समुद्र का फेन बनकर बह जाऊंगा"
"never again will I hear the music of the waves"
"मैं फिर कभी लहरों का संगीत नहीं सुनूंगा"
"never again will I see the pretty flowers"
"मैं फिर कभी सुंदर फूल नहीं देख पाऊँगा"
"nor will I ever again see the red sun"
"न ही मैं कभी फिर लाल सूरज देख पाऊंगा"
"Is there anything I can do to win an immortal soul?"
"क्या मैं अमर आत्मा पाने के लिए कुछ कर सकता हूँ?"
"No," said the old woman, "unless..."
"नहीं," बूढ़ी औरत ने कहा, "जब तक..."
"there is just one way to gain a soul"
"आत्मा पाने का केवल एक ही रास्ता है"
"a man has to love you more than he loves his father and mother"
"एक आदमी को अपने पिता और माँ से भी अधिक आपसे प्यार करना चाहिए"
"all his thoughts and love must be fixed upon you"
"उसके सारे विचार और प्रेम आप पर ही केन्द्रित होने चाहिए"
"he has to promise to be true to you here and hereafter"

"उसे आपसे यहीं और इसके बाद भी सच्चा रहने का वादा करना होगा"

"the priest has to place his right hand in yours"
"पुजारी को अपना दाहिना हाथ आपके हाथ में रखना होगा"
"then your man's soul would glide into your body"
"तब तुम्हारे आदमी की आत्मा तुम्हारे शरीर में प्रवेश कर जाएगी"
"you would get a share in the future happiness of mankind"
"आपको मानव जाति के भविष्य की खुशी में हिस्सा मिलेगा"
"He would give to you a soul and retain his own as well"
"वह तुम्हें एक आत्मा देगा और अपनी भी रख लेगा"
"but it is impossible for this to ever happen"
"लेकिन ऐसा कभी भी होना असंभव है"
"Your fish's tail, among us, is considered beautiful"
"आपकी मछली की पूँछ, हमारे बीच, सुंदर मानी जाती है"
"but on earth your fish's tail is considered ugly"
"लेकिन पृथ्वी पर आपकी मछली की पूंछ बदसूरत मानी जाती है"
"The humans do not know any better"
"मनुष्यों को इससे बेहतर कुछ नहीं पता"
"their standard of beauty is having two stout props"
"उनकी सुंदरता का मानक दो मजबूत सहारा है"
"these two stout props they call their legs"
"इन दो मजबूत सहारे को वे अपने पैर कहते हैं"
The little mermaid sighed at what appeared to be her destiny
छोटी मत्स्यकन्या ने अपनी नियति पर आह भरी
and she looked sorrowfully at her fish's tail
और वह दुखी होकर अपनी मछली की पूँछ को देखने लगी
"Let us be happy with what we have," said the old lady

"हमारे पास जो है, उसी में खुश रहें," बूढ़ी महिला ने कहा
"let us dart and spring about for the three hundred years"
"आओ हम तीन सौ वर्षों तक उछलते-कूदते रहें"
"and three hundred years really is quite long enough"
"और तीन सौ वर्ष वास्तव में काफी लम्बा समय है"
"After that we can rest ourselves all the better"
"इसके बाद हम आराम कर सकेंगे और भी अच्छा होगा"
"This evening we are going to have a court ball"
"आज शाम को हम कोर्ट बॉल खेलने जा रहे हैं"

It was one of those splendid sights we can never see on earth
यह उन शानदार दृश्यों में से एक था जिसे हम पृथ्वी पर कभी नहीं देख सकते

the court ball took place in a large ballroom
कोर्ट बॉल एक बड़े बॉलरूम में आयोजित की गई थी

The walls and the ceiling were of thick transparent crystal
दीवारें और छत मोटे पारदर्शी क्रिस्टल की थीं

Many hundreds of colossal sea shells stood in rows on each side
दोनों ओर सैकड़ों विशालकाय समुद्री सीपें कतारों में खड़ी थीं

some of the sea shells were deep red, others were grass green
कुछ समुद्री सीप गहरे लाल रंग के थे, अन्य घास जैसे हरे रंग के थे

and each of the sea shells had a blue fire in it
और प्रत्येक समुद्री सीप में नीली आग थी

These fires lighted up the whole salon and the dancers
इन आग ने पूरे सैलून और नर्तकियों को रोशन कर दिया

and the sea shells shone out through the walls
और समुद्र के गोले दीवारों के माध्यम से चमक रहे थे

so that the sea was also illuminated by their light

ताकि समुद्र भी उनके प्रकाश से प्रकाशित हो
Innumerable fishes, great and small, swam past
असंख्य मछलियाँ, बड़ी और छोटी, तैरती हुई आगे निकल गईं
some of the fishes scales glowed with a purple brilliance
कुछ मछलियों के शल्क बैंगनी चमक से चमक रहे थे
and other fishes shone like silver and gold
और अन्य मछलियाँ चाँदी और सोने की तरह चमक रही थीं
Through the halls flowed a broad stream
हॉल के माध्यम से एक व्यापक धारा बहती थी
and in the stream danced the mermen and the mermaids
और नदी में मत्स्य-पुरुष और जलपरियाँ नाच रहे थे
they danced to the music of their own sweet singing
वे अपने मधुर गायन के संगीत पर नाचते थे

No one on earth has such lovely voices as they
पृथ्वी पर किसी की भी आवाज इतनी प्यारी नहीं है जितनी उनकी है
but the little mermaid sang more sweetly than all
लेकिन छोटी मत्स्यांगना ने सभी से अधिक मधुर गीत गाया
The whole court applauded her with hands and tails
पूरे न्यायालय ने हाथ और पूँछ उठाकर उसकी सराहना की
and for a moment her heart felt quite happy
और एक पल के लिए उसका दिल बहुत खुश हो गया
because she knew she had the sweetest voice in the sea
क्योंकि वह जानती थी कि समुद्र में सबसे मधुर आवाज उसकी है
and she knew she had the sweetest voice on land
और वह जानती थी कि धरती पर सबसे मधुर आवाज उसकी है
But soon she thought again of the world above her

लेकिन जल्द ही वह फिर से अपने ऊपर की दुनिया के बारे में सोचने लगी

she could not forget the charming prince
वह उस आकर्षक राजकुमार को भूल नहीं सकी
it reminded her that he had an immortal soul
इससे उसे याद आया कि उसकी आत्मा अमर है
and she could not forget that she had no immortal soul
और वह यह नहीं भूल सकती थी कि उसकी कोई अमर आत्मा नहीं थी
She crept away silently out of her father's palace
वह चुपचाप अपने पिता के महल से बाहर निकल गई
everything within was full of gladness and song
अंदर सब कुछ खुशी और गीत से भरा था
but she sat in her own little garden, sorrowful and alone
लेकिन वह अपने छोटे से बगीचे में बैठी थी, दुखी और अकेली
Then she heard the bugle sounding through the water
तभी उसे पानी में बिगुल की आवाज सुनाई दी
and she thought, "He is certainly sailing above"
और उसने सोचा, "वह निश्चित रूप से ऊपर नौकायन कर रहा है"
"he, the beautiful prince, in whom my wishes centre"
"वह, सुंदर राजकुमार, जिसमें मेरी इच्छाएं केन्द्रित हैं"
"he, in whose hands I should like to place my happiness"
"वह, जिसके हाथों में मैं अपनी खुशियाँ सौंपना चाहूँ"
"I will venture all for him to win an immortal soul"
"मैं उसकी अमर आत्मा जीतने के लिए सब कुछ कर दूँगा"
"my sisters are dancing in my father's palace"
"मेरी बहनें मेरे पिता के महल में नाच रही हैं"
"but I will go to the sea witch"
"लेकिन मैं समुद्री चुड़ैल के पास जाऊँगा"

"the sea witch of whom I have always been so afraid"
"वह समुद्री चुड़ैल जिससे मैं हमेशा डरता रहा हूँ"
"but the sea witch can give me counsel, and help"
"लेकिन समुद्री चुड़ैल मुझे सलाह और मदद दे सकती है"

The Sea Witch
समुद्री चुड़ैल

Then the little mermaid went out from her garden
तभी छोटी जलपरी अपने बगीचे से बाहर चली गई
and she took the path to the foaming whirlpools
और वह झागदार भँवरों की ओर जाने वाला रास्ता ले गई
behind the foaming whirlpools the sorceress lived
झागदार भँवरों के पीछे जादूगरनी रहती थी
the little mermaid had never gone that way before
छोटी जलपरी पहले कभी उस रास्ते से नहीं गई थी
Neither flowers nor grass grew where she was going
जहाँ वह जा रही थी वहाँ न तो फूल उगते थे और न ही घास
there was nothing but bare, gray, sandy ground
वहाँ नंगी, धूसर, रेतीली ज़मीन के अलावा कुछ भी नहीं था
this barren land stretched out to the whirlpool
यह बंजर भूमि भँवर तक फैली हुई है
the water was like foaming mill wheels
पानी झागदार चक्की के पहियों जैसा था
and the whirlpools seized everything that came within reach
और भँवरों ने पहुँच के भीतर आने वाली हर चीज़ को जकड़ लिया
the whirlpools cast their prey into the fathomless deep
भँवरें अपने शिकार को अथाह गहराई में फेंक देती हैं
Through these crushing whirlpools she had to pass
इन विनाशकारी भँवरों से उसे गुजरना पड़ा
only then could she reach the dominions of the sea witch
तभी वह समुद्री चुड़ैल के प्रभुत्व तक पहुँच सकती थी
after this came a stretch of warm, bubbling mire
इसके बाद गर्म, बुदबुदाती हुई कीचड़ का विस्तार आया
the sea witch called the bubbling mire her turf moor

समुद्री चुड़ैल ने बुदबुदाती हुई कीचड़ को अपना मैदान कहा

Beyond her turf moor was the witch's house
उसके मैदान के पीछे चुड़ैल का घर था
her house stood in the centre of a strange forest
उसका घर एक अजीब जंगल के बीच में था
in this forest all the trees and flowers were polypi
इस जंगल में सभी पेड़ और फूल पॉलीपी थे
but they were only half plant; the other half was animal
लेकिन वे केवल आधे पौधे थे; बाकी आधा जानवर था
They looked like serpents with a hundred heads
वे सौ सिर वाले साँपों की तरह दिखते थे
and each serpent was growing out of the ground
और प्रत्येक साँप ज़मीन से निकल रहा था
Their branches were long, slimy arms
उनकी शाखाएँ लंबी, चिपचिपी भुजाएँ थीं
and they had fingers like flexible worms
और उनकी उंगलियाँ लचीली कीड़ों जैसी थीं
each of their limbs, from the root to the top, moved
उनका प्रत्येक अंग, जड़ से लेकर शीर्ष तक, हिल गया
All that could be reached in the sea they seized upon
समुद्र में जो कुछ भी पहुंच सकता था, उन्होंने उस पर कब्जा कर लिया
and what they caught they held on tightly to
और जो कुछ उन्होंने पकड़ा उसे कसकर पकड़ लिया
so that what they caught never escaped from their clutches
ताकि जो कुछ उन्होंने पकड़ा वह कभी उनके चंगुल से न छूटे

The little mermaid was alarmed at what she saw
छोटी मत्स्यकन्या ने जो देखा उससे वह घबरा गई

she stood still and her heart beat with fear
वह स्थिर खड़ी रही और उसका दिल डर से धड़कने लगा
She came very close to turning back
वह वापस मुड़ने के बहुत करीब आ गई थी
but she thought of the beautiful prince
लेकिन उसने सुंदर राजकुमार के बारे में सोचा
and she thought of the human soul for which she longed
और वह उस मानव आत्मा के बारे में सोचने लगी जिसके लिए वह तरस रही थी
with these thoughts her courage returned
इन विचारों के साथ उसकी हिम्मत लौट आई
She fastened her long, flowing hair round her head
उसने अपने लंबे, लहराते बालों को अपने सिर के चारों ओर बांध लिया
so that the polypi could not grab hold of her hair
ताकि पॉलीपी उसके बालों को पकड़ न सके
and she crossed her hands across her bosom
और उसने अपने हाथों को अपनी छाती पर रख लिया
and then she darted forward like a fish through the water
और फिर वह पानी में मछली की तरह आगे बढ़ी
between the subtle arms and fingers of the ugly polypi
बदसूरत पॉलीपी की सूक्ष्म भुजाओं और उंगलियों के बीच
the polypi were stretched out on each side of her
उसके दोनों ओर पॉलीपी फैली हुई थीं
She saw that they all held something in their grasp
उसने देखा कि उन सभी ने अपनी मुट्ठी में कुछ पकड़ रखा था
something they had seized with their numerous little arms
जिसे उन्होंने अपनी असंख्य छोटी भुजाओं से पकड़ लिया था
they were holding white skeletons of human beings
वे मानवों के सफेद कंकाल पकड़े हुए थे
sailors who had perished at sea in storms

नाविक जो तूफान में समुद्र में मारे गए थे
sailors who had sunk down into the deep waters
नाविक जो गहरे पानी में डूब गए थे
and there were skeletons of land animals
और वहाँ ज़मीनी जानवरों के कंकाल थे
and there were oars, rudders, and chests of ships
और वहाँ जहाज़ों के चप्पू, पतवारें और संदूक थे
There was even a little mermaid whom they had caught
वहाँ एक छोटी जलपरी भी थी जिसे उन्होंने पकड़ लिया था
the poor mermaid must have been strangled by the hands
बेचारी जलपरी का गला घोंट दिया गया होगा हाथों से
to her this seemed the most shocking of all
उसे यह सबसे चौंकाने वाली बात लगी

finally, she came to a space of marshy ground in the woods
अंततः वह जंगल में दलदली भूमि पर पहुंची
here there were large fat water snakes rolling in the mire
यहाँ कीचड़ में बड़े मोटे पानी के साँप लोट रहे थे
the snakes showed their ugly, drab-colored bodies
साँपों ने अपने बदसूरत, मटमैले रंग के शरीर दिखाए
In the midst of this spot stood a house
इस स्थान के बीच में एक घर खड़ा था
the house was built of the bones of shipwrecked human beings
यह घर जहाज़ में डूबे इंसानों की हड्डियों से बनाया गया था
and in the house sat the sea witch
और घर में समुद्री चुड़ैल बैठी थी
she was allowing a toad to eat from her mouth
वह एक टोड को अपने मुंह से खाने की इजाजत दे रही थी
just like when people feed a canary with pieces of sugar
ठीक वैसे ही जैसे लोग कैनरी को चीनी के टुकड़े खिलाते हैं

She called the ugly water snakes her little chickens
उसने बदसूरत पानी के साँपों को अपनी छोटी मुर्गियाँ कहा
and she allowed her little chickens to crawl all over her
और उसने अपनी छोटी मुर्गियों को अपने ऊपर रेंगने दिया

"I know what you want," said the sea witch
"मुझे पता है तुम क्या चाहते हो," समुद्री चुड़ैल ने कहा
"It is very stupid of you to want such a thing"
"ऐसा चाहना आपकी बहुत बड़ी मूर्खता है"
"but you shall have your way, however stupid it is"
"लेकिन आपको अपना रास्ता अपनाना होगा, चाहे वह कितना भी मूर्खतापूर्ण क्यों न हो"
"though your wish will bring you to sorrow, my pretty princess"
"यद्यपि तुम्हारी इच्छा तुम्हें दुःख पहुंचाएगी, मेरी सुन्दर राजकुमारी"
"You want to get rid of your mermaid's tail"
"आप अपनी मत्स्यकन्या की पूंछ से छुटकारा पाना चाहते हैं"
"and you want to have two stumps instead"
"और आप इसके बदले दो स्टंप चाहते हैं"
"this will make you like the human beings on earth"
"यह तुम्हें पृथ्वी पर मनुष्यों जैसा बना देगा"
"and then the young prince might fall in love with you"
"और फिर युवा राजकुमार को आपसे प्यार हो सकता है"
"and then you might have an immortal soul"
"और तब शायद आपकी आत्मा अमर हो जाएगी"
the witch laughed loud and disgustingly
चुड़ैल जोर से और घृणित रूप से हँसी
the toad and the snakes fell to the ground
मेंढक और साँप ज़मीन पर गिर गए
and they lay there wriggling on the floor

और वे वहीं फर्श पर छटपटाते हुए पड़े रहे
"You came to me just in time," said the witch
"तुम ठीक समय पर मेरे पास आये," चुड़ैल ने कहा
"after sunrise tomorrow it would have been too late"
"कल सूर्योदय के बाद बहुत देर हो चुकी होगी"
"after tomorrow I would not have been able to help you till the end of another year"
"कल के बाद मैं एक साल के अंत तक आपकी मदद नहीं कर पाऊंगा"
"I will prepare a potion for you"
"मैं तुम्हारे लिए एक औषधि तैयार करूंगा"
"swim up to the land tomorrow, before sunrise"
"कल सूर्योदय से पहले तैरकर भूमि पर आ जाओ"
"seat yourself there and drink the potion"
"वहां बैठो और औषधि पी लो"
"after you drink the potion your tail will disappear"
"जब तुम औषधि पी लोगे तो तुम्हारी पूंछ गायब हो जायेगी"
"and then you will have what men call legs"
"और तब आपके पास वह होगा जिसे लोग पैर कहते हैं"

"all will say you are the prettiest girl in the world"
"सब कहेंगे कि तुम दुनिया की सबसे सुन्दर लड़की हो"
"but for this you will have to endure great pain"
"लेकिन इसके लिए तुम्हें बहुत कष्ट सहना पड़ेगा"
"it will be as if a sword were passing through you"
"ऐसा लगेगा जैसे कोई तलवार तुम्हारे आर-पार हो गयी हो"
"You will still have the same gracefulness of movement"
"आपकी चाल में अब भी वही शालीनता रहेगी"
"it will be as if you are floating over the ground"
"ऐसा लगेगा मानो आप ज़मीन पर तैर रहे हैं"
"and no dancer will ever tread as lightly as you"

"और कोई भी नर्तक कभी भी आपके जितना हल्का नहीं चलेगा"

"but every step you take will cause you great pain"
"लेकिन आपका हर कदम आपको बहुत पीड़ा देगा"

"it will be as if you were treading upon sharp knives"
"ऐसा लगेगा मानो आप तेज चाकुओं पर पैर रख रहे हों"

"If you bear all this suffering, I will help you"
"यदि तुम ये सब कष्ट सहन करोगे तो मैं तुम्हारी सहायता करूंगा"

the little mermaid thought of the prince
छोटी जलपरी ने राजकुमार के बारे में सोचा

and she thought of the happiness of an immortal soul
और वह अमर आत्मा की खुशी के बारे में सोचती रही

"Yes, I will," said the little princess
"हाँ, मैं करूंगी," छोटी राजकुमारी ने कहा

but, as you can imagine, her voice trembled with fear
लेकिन, जैसा कि आप कल्पना कर सकते हैं, उसकी आवाज़ डर से कांप रही थी

"do not rush into this," said the witch
"इसमें जल्दबाजी मत करो," चुड़ैल ने कहा

"once you are shaped like a human, you can never return"
"एक बार जब आप मानव जैसे बन जाते हैं, तो आप कभी वापस नहीं लौट सकते"

"and you will never again take the form of a mermaid"
"और तुम फिर कभी मत्स्यकन्या का रूप धारण नहीं करोगे"

"You will never return through the water to your sisters"
"तुम कभी भी पानी के रास्ते अपनी बहनों के पास नहीं लौटोगे"

"nor will you ever go to your father's palace again"

"और न ही तुम कभी अपने पिता के महल में जाओगे"
"you will have to win the love of the prince"
"तुम्हें राजकुमार का प्यार जीतना होगा"
"he must be willing to forget his father and mother for you"
"वह तुम्हारे लिए अपने माता-पिता को भूलने को तैयार होगा"
"and he must love you with all of his soul"
"और उसे तुम्हें अपनी पूरी आत्मा से प्यार करना चाहिए"
"the priest must join your hands together"
"पुजारी को आपके हाथ आपस में जोड़ने चाहिए"
"and he must make you man and wife in holy matrimony"
"और वह तुम्हें पवित्र विवाह में पति और पत्नी बनाएगा"
"only then will you have an immortal soul"
"तभी तुम्हें अमर आत्मा मिलेगी"
"but you must never allow him to marry another woman"
"लेकिन आपको उसे कभी भी किसी दूसरी महिला से शादी करने की अनुमति नहीं देनी चाहिए"
"the morning after he marries another woman, your heart will break"
"जिस दिन वह दूसरी औरत से शादी करेगा, अगली सुबह तुम्हारा दिल टूट जाएगा"
"and you will become foam on the crest of the waves"
"और तुम लहरों के शिखर पर झाग बन जाओगे"
the little mermaid became as pale as death
छोटी जलपरी मौत की तरह पीली पड़ गई
"I will do it," said the little mermaid
"मैं यह करूंगी," छोटी मत्स्यकन्या ने कहा

"But I must be paid, also," said the witch
"लेकिन मुझे भी भुगतान किया जाना चाहिए," चुड़ैल ने कहा
"and it is not a trifle that I ask for"

"और यह कोई छोटी बात नहीं है जो मैं मांग रहा हूँ"
"You have the sweetest voice of any who dwell here"
"आपकी आवाज़ यहाँ रहने वाले सभी लोगों से अधिक मधुर है"
"you believe that you can charm the prince with your voice"
"आपको विश्वास है कि आप अपनी आवाज से राजकुमार को मोहित कर सकते हैं"
"But your beautiful voice you must give to me"
"लेकिन अपनी खूबसूरत आवाज़ तुम्हें मुझे देनी होगी"
"The best thing you possess is the price of my potion"
"आपके पास जो सबसे अच्छी चीज़ है, वह मेरी औषधि की कीमत है"
"the potion must be mixed with my own blood"
"इस औषधि में मेरा ही खून मिला होना चाहिए"
"only this mixture makes the potion as sharp as a two-edged sword"
"केवल यह मिश्रण ही औषधि को दोधारी तलवार की तरह तेज बनाता है"

the little mermaid tried to object to the cost
छोटी जलपरी ने लागत पर आपत्ति जताने की कोशिश की
"But if you take away my voice..." said the little mermaid
"लेकिन अगर तुम मेरी आवाज़ छीन लो..." छोटी मत्स्यांगना ने कहा
"if you take away my voice, what is left for me?"
"यदि आप मेरी आवाज़ छीन लेंगे तो मेरे लिए क्या बचेगा?"
"Your beautiful form," suggested the sea witch
"आपका सुंदर रूप," समुद्री चुड़ैल ने सुझाव दिया
"your graceful walk, and your expressive eyes"
"आपकी सुंदर चाल और आपकी भावपूर्ण आँखें"

"Surely, with these things you can enchain a man's heart?"
"क्या इन चीज़ों से तुम किसी आदमी के दिल को बाँध सकते हो?"
"Well, have you lost your courage?" the sea witch asked
"अच्छा, क्या तुमने अपना साहस खो दिया है?" समुद्री चुड़ैल ने पूछा
"Put out your little tongue, so that I can cut it off"
"अपनी छोटी सी जीभ बाहर निकालो, ताकि मैं उसे काट सकूं"
"then you shall have the powerful potion"
"तो आपको शक्तिशाली औषधि मिलेगी"
"It shall be," said the little mermaid
"ऐसा ही होगा," छोटी मत्स्यकन्या ने कहा

Then the witch placed her cauldron on the fire
फिर चुड़ैल ने अपनी कड़ाही आग पर रख दी
"Cleanliness is a good thing," said the sea witch
"स्वच्छता एक अच्छी चीज़ है," समुद्री चुड़ैल ने कहा
she scoured the vessels for the right snake
उसने सही साँप के लिए बर्तनों की छानबीन की
all the snakes had been tied together in a large knot
सभी साँपों को एक बड़ी गाँठ में बाँध दिया गया था
Then she pricked herself in the breast
फिर उसने अपने स्तन में चुभन महसूस की
and she let the black blood drop into the caldron
और उसने काले खून को कढ़ाई में गिरा दिया
The steam that rose twisted itself into horrible shapes
जो भाप उठी उसने खुद को भयानक आकार में मोड़ लिया
no person could look at the shapes without fear
कोई भी व्यक्ति बिना किसी डर के आकृतियों को नहीं देख सकता था

Every moment the witch threw new ingredients into the vessel

हर पल चुड़ैल बर्तन में नई सामग्री डालती रही

finally, with everything inside, the caldron began to boil

अंत में, जब सब कुछ अंदर था, तो कढ़ाई उबलने लगी

there was the sound like the weeping of a crocodile

वहाँ मगरमच्छ के रोने जैसी आवाज़ थी

and at last the magic potion was ready

और अंततः जादुई औषधि तैयार हो गई

despite its ingredients, the potion looked like the clearest water

इसके अवयवों के बावजूद, यह औषधि सबसे साफ़ पानी की तरह लग रही थी

"There it is, all for you," said the witch

"यह सब तुम्हारे लिए है," चुड़ैल ने कहा

and then she cut off the little mermaid's tongue

और फिर उसने छोटी मत्स्यांगना की जीभ काट दी

so that the little mermaid could never again speak, nor sing again

ताकि छोटी जलपरी फिर कभी न बोल सके, न गा सके

"the polypi might try and grab you on the way out"

"पॉलीपी आपको बाहर निकलते समय पकड़ने की कोशिश कर सकती है"

"if they try, throw over them a few drops of the potion"

"यदि वे ऐसा करने का प्रयास करें तो उन पर औषधि की कुछ बूंदें डाल दें"

"and their fingers will be torn into a thousand pieces"

"और उनकी उंगलियाँ हजार टुकड़ों में फाड़ दी जाएँगी"

But the little mermaid had no need to do this

लेकिन छोटी मत्स्यांगना को ऐसा करने की कोई जरूरत नहीं थी

the polypi sprang back in terror when they saw her
पॉलीपी उसे देखकर डर कर पीछे हट गए
they saw she had lost her tongue to the sea witch
उन्होंने देखा कि वह अपनी जीभ समुद्री चुड़ैल के हाथों खो चुकी थी
and they saw she was carrying the potion
और उन्होंने देखा कि वह औषधि ले जा रही थी
the potion shone in her hand like a twinkling star
औषधि उसके हाथ में टिमटिमाते तारे की तरह चमक रही थी

So she passed quickly through the wood and the marsh
इसलिए वह जल्दी से जंगल और दलदल से होकर गुजरी
and she passed between the rushing whirlpools
और वह तेज़ बहती भँवरों के बीच से गुज़री
soon she made her way back to the palace of her father
जल्द ही वह अपने पिता के महल में वापस आ गई
all the torches in the ballroom were extinguished
बॉलरूम की सभी मशालें बुझ गईं
all within the palace must now be asleep
महल के सभी लोग अब सो रहे होंगे
But she did not go inside to see them
लेकिन वह उन्हें देखने के लिए अंदर नहीं गई
she knew she was going to leave them forever
वह जानती थी कि वह उन्हें हमेशा के लिए छोड़ कर जा रही है
and she knew her heart would break if she saw them
और वह जानती थी कि अगर वह उन्हें देखेगी तो उसका दिल टूट जाएगा
she went into the garden one last time
वह आखिरी बार बगीचे में गई थी

and she took a flower from each one of her sisters
और उसने अपनी हर बहन से एक फूल लिया
and then she rose up through the dark-blue waters
और फिर वह गहरे नीले पानी से ऊपर उठी

The Little Mermaid Meets the Prince
छोटी जलपरी राजकुमार से मिलती है

the little mermaid arrived at the prince's palace
छोटी जलपरी राजकुमार के महल में पहुंची
the sun had not yet risen from the sea
सूरज अभी तक समुद्र से नहीं निकला था
and the moon shone clear and bright in the night
और रात में चाँद साफ़ और चमकीला चमक रहा था
the little mermaid sat at the beautiful marble steps
छोटी जलपरी सुंदर संगमरमर की सीढ़ियों पर बैठी थी
and then the little mermaid drank the magic potion
और फिर छोटी मत्स्यांगना ने जादुई औषधि पी ली
she felt the cut of a two-edged sword cut through her
उसे लगा जैसे किसी ने दोधारी तलवार से उसे काट डाला हो
and she fell into a swoon, and lay like one dead
और वह बेहोश हो गई, और मृत की तरह पड़ी रही
the sun rose from the sea and shone over the land
सूरज समुद्र से निकला और ज़मीन पर चमक उठा
she recovered and felt the pain from the cut
वह ठीक हो गई और कट से दर्द महसूस किया
but before her stood the handsome young prince
लेकिन उसके सामने सुंदर युवा राजकुमार खड़ा था

He fixed his coal-black eyes upon the little mermaid
उसने अपनी कोयले जैसी काली आँखें छोटी जलपरी पर टिका दीं
he looked so earnestly that she cast down her eyes
उसने इतनी गंभीरता से देखा कि उसने अपनी आँखें नीचे कर लीं

and then she became aware that her fish's tail was gone
और तब उसे पता चला कि उसकी मछली की पूंछ गायब हो गई थी
she saw that she had the prettiest pair of white legs
उसने देखा कि उसके पास सफ़ेद पैरों की सबसे सुन्दर जोड़ी थी
and she had tiny feet, as any little maiden would have
और उसके पैर छोटे थे, जैसे किसी भी छोटी युवती के होते हैं
But, having come from the sea, she had no clothes
लेकिन समुद्र से आने के कारण उसके पास कपड़े नहीं थे
so she wrapped herself in her long, thick hair
इसलिए उसने खुद को अपने लंबे, घने बालों में लपेट लिया
The prince asked her who she was and whence she came
राजकुमार ने उससे पूछा कि वह कौन है और कहां से आई है?
She looked at him mildly and sorrowfully
उसने उसे हल्के और दुःखी भाव से देखा
but she had to answer with her deep blue eyes
लेकिन उसे अपनी गहरी नीली आँखों से जवाब देना पड़ा
because the little mermaid could not speak anymore
क्योंकि छोटी मत्स्यकन्या अब बोल नहीं सकती थी
He took her by the hand and led her to the palace
उसने उसका हाथ पकड़ा और उसे महल में ले गया

Every step she took was as the witch had said it would be
उसका हर कदम वैसा ही था जैसा चुड़ैल ने कहा था
she felt as if she were treading upon sharp knives
उसे ऐसा महसूस हुआ मानो वह तीखे चाकुओं पर चल रही हो
She bore the pain of her wish willingly, however
हालाँकि उसने अपनी इच्छा का दर्द स्वेच्छा से सहन किया,
and she moved at the prince's side as lightly as a bubble

और वह राजकुमार के बगल में एक बुलबुले की तरह हल्के से चली गई

all who saw her wondered at her graceful, swaying movements

जिसने भी उसे देखा, उसकी सुंदर, लहराती चाल पर आश्चर्यचकित हो गया

She was very soon arrayed in costly robes of silk and muslin

वह बहुत जल्द ही रेशम और मलमल के महंगे वस्त्रों से सुसज्जित हो गई

and she was the most beautiful creature in the palace

और वह महल की सबसे खूबसूरत प्राणी थी

but she appeared dumb, and could neither speak nor sing

लेकिन वह गूंगी लग रही थी, और न तो बोल सकती थी और न ही गा सकती थी

there were beautiful female slaves, dressed in silk and gold

वहाँ सुन्दर दासियाँ थीं, जो रेशम और सोने के वस्त्र पहने हुए थीं

they stepped forward and sang in front of the royal family

वे आगे बढ़े और शाही परिवार के सामने गाना गाया

each slave could sing better than the next one

प्रत्येक गुलाम अगले वाले से बेहतर गा सकता था

and the prince clapped his hands and smiled at her

और राजकुमार ने ताली बजाई और उसकी ओर मुस्कुराया

This was a great sorrow to the little mermaid

यह छोटी मत्स्यांगना के लिए बहुत दुःख की बात थी

she knew how much more sweetly she was able to sing

वह जानती थी कि वह कितना मधुर गा सकती है

"if only he knew I have given away my voice to be with him!"

"काश उसे पता होता कि मैंने उसके साथ रहने के लिए अपनी आवाज़ दे दी है!"

there was music being played by an orchestra
वहाँ ऑर्केस्ट्रा द्वारा संगीत बजाया जा रहा था
and the slaves performed some pretty, fairy-like dances
और दासों ने कुछ सुन्दर, परी-जैसे नृत्य प्रस्तुत किये
Then the little mermaid raised her lovely white arms
फिर छोटी मत्स्यांगना ने अपनी प्यारी सफेद भुजाएँ उठाईं
she stood on the tips of her toes like a ballerina
वह एक बैले नर्तकी की तरह अपने पैर की उंगलियों पर खड़ी थी
and she glided over the floor like a bird over water
और वह पानी पर एक पक्षी की तरह फर्श पर फिसल गई
and she danced as no one yet had been able to dance
और वह ऐसे नाची जैसे अभी तक कोई नहीं नाच पाया था
At each moment her beauty was more revealed
हर पल उसकी खूबसूरती और निखरती जा रही थी
most appealing of all, to the heart, were her expressive eyes
सबसे ज़्यादा दिल को लुभाने वाली थीं उनकी भावपूर्ण आँखें
Everyone was enchanted by her, especially the prince
हर कोई उससे मोहित था, खासकर राजकुमार
the prince called her his deaf little foundling
राजकुमार ने उसे अपनी बहरी छोटी बच्ची कहा
and she happily continued to dance, to please the prince
और वह राजकुमार को खुश करने के लिए खुशी से नाचती रही
but we must remember the pain she endured for his pleasure

लेकिन हमें याद रखना चाहिए कि उसने उसकी खुशी के लिए कितना दर्द सहा

every step on the floor felt as if she trod on sharp knives
फर्श पर हर कदम ऐसा लगता था जैसे वह तेज चाकुओं पर चल रही हो

The prince said she should remain with him always
राजकुमार ने कहा कि वह हमेशा उसके साथ रहेगी
and she was given permission to sleep at his door
और उसे उसके दरवाजे पर सोने की अनुमति दी गई
they brought a velvet cushion for her to lie on
वे उसके लेटने के लिए एक मखमली तकिया लाए
and the prince had a page's dress made for her
और राजकुमार ने उसके लिए एक पेज की पोशाक बनवाई
this way she could accompany him on horseback
इस तरह वह घोड़े पर सवार होकर उसके साथ जा सकती थी
They rode together through the sweet-scented woods
वे मीठी-सुगंधित जंगल में एक साथ सवार हुए
in the woods the green branches touched their shoulders
जंगल में हरी शाखाएँ उनके कंधों को छू रही थीं
and the little birds sang among the fresh leaves
और छोटे पक्षी ताज़े पत्तों के बीच गाते थे
She climbed with him to the tops of high mountains
वह उसके साथ ऊंचे पहाड़ों की चोटियों पर चढ़ गई
and although her tender feet bled, she only smiled
और यद्यपि उसके कोमल पैरों से खून बह रहा था, वह केवल मुस्कुराई
she followed him till the clouds were beneath them
वह तब तक उसके पीछे चलती रही जब तक बादल उनके नीचे नहीं आ गए

like a flock of birds flying to distant lands
जैसे पक्षियों का झुंड दूर देशों की ओर उड़ रहा हो

when all were asleep she sat on the broad marble steps
जब सब सो गए तो वह चौड़ी संगमरमर की सीढ़ियों पर बैठ गई
it eased her burning feet to bathe them in the cold water
ठंडे पानी से नहाने से उसके पैरों की जलन दूर हो गई
It was then that she thought of all those in the sea
तभी उसे समुद्र में मौजूद सभी लोगों का ख्याल आया
Once, during the night, her sisters came up, arm in arm
एक बार रात के समय उसकी बहनें एक दूसरे का हाथ थामे हुए आईं।
they sang sorrowfully as they floated on the water
वे पानी पर तैरते हुए दुःख से गाते थे
She beckoned to them, and they recognized her
उसने उन्हें इशारा किया और उन्होंने उसे पहचान लिया
they told her how they had grieved their youngest sister
उन्होंने उसे बताया कि कैसे उन्होंने अपनी सबसे छोटी बहन को दुखी किया था
after that, they came to the same place every night
उसके बाद, वे हर रात उसी स्थान पर आते थे
Once she saw in the distance her old grandmother
एक बार उसने दूर से अपनी बूढ़ी दादी को देखा
she had not been to the surface of the sea for many years
वह कई वर्षों से समुद्र की सतह पर नहीं गई थी
and the old Sea King, her father, with his crown on his head
और बूढ़ा सागर राजा, उसके पिता, अपने सिर पर मुकुट के साथ
he too came to where she could see him

- 67 -

वह भी वहाँ आया जहाँ वह उसे देख सकती थी
They stretched out their hands towards her
उन्होंने अपने हाथ उसकी ओर बढ़ाये
but they did not venture as near the land as her sisters
लेकिन वे उसकी बहनों की तरह ज़मीन के करीब नहीं गए

As the days passed she loved the prince more dearly
जैसे-जैसे दिन बीतते गए वह राजकुमार से और अधिक प्यार करने लगी
and he loved her as one would love a little child
और वह उससे वैसे ही प्यार करता था जैसे कोई किसी छोटे बच्चे से करता है
The thought never came to him to make her his wife
उसके मन में कभी यह विचार नहीं आया कि वह उसे अपनी पत्नी बनाए
but, unless he married her, her wish would never come true
लेकिन, जब तक वह उससे शादी नहीं करता, उसकी इच्छा कभी पूरी नहीं होगी
unless he married her she could not receive an immortal soul
जब तक वह उससे विवाह नहीं कर लेता, उसे अमर आत्मा प्राप्त नहीं हो सकती थी
and if he married another her dreams would shatter
और अगर उसने दूसरी शादी कर ली तो उसके सपने टूट जाएंगे
on the morning after his marriage she would dissolve
उसकी शादी के बाद की सुबह वह घुलमिल जाएगी
and the little mermaid would become the foam of the sea
और छोटी जलपरी समुद्र का झाग बन जाएगी

the prince took the little mermaid in his arms
राजकुमार ने छोटी जलपरी को अपनी बाहों में ले लिया
and he kissed her on her forehead
और उसने उसके माथे को चूमा
with her eyes she tried to ask him
उसने अपनी आँखों से उससे पूछने की कोशिश की
"Do you not love me the most of them all?"
"क्या तुम मुझ से सबसे अधिक प्रेम नहीं करते?"
"Yes, you are dear to me," said the prince
"हाँ, तुम मुझे प्रिय हो," राजकुमार ने कहा।
"because you have the best heart"
"क्योंकि तुम्हारा दिल बहुत अच्छा है"
"and you are the most devoted to me"
"और तुम मेरे प्रति सबसे अधिक समर्पित हो"
"You are like a young maiden whom I once saw"
"तुम उस युवा युवती की तरह हो जिसे मैंने एक बार देखा था"
"but I shall never meet this young maiden again"
"लेकिन मैं इस युवा युवती से फिर कभी नहीं मिलूंगा"
"I was in a ship that was wrecked"
"मैं एक जहाज़ में था जो बर्बाद हो गया था"
"and the waves cast me ashore near a holy temple"
"और लहरों ने मुझे एक पवित्र मंदिर के पास किनारे पर फेंक दिया"
"at the temple several young maidens performed the service"
"मंदिर में कई युवा युवतियों ने सेवा की"
"The youngest maiden found me on the shore"
"सबसे छोटी युवती ने मुझे किनारे पर पाया"
"and the youngest of the maidens saved my life"
"और सबसे छोटी युवती ने मेरी जान बचाई"
"I saw her but twice," he explained

उन्होंने बताया, "मैंने उसे सिर्फ दो बार देखा।"
"and she is the only one in the world whom I could love"
"और वह दुनिया में एकमात्र है जिससे मैं प्यार कर सकता हूँ"
"But you are like her," he reassured the little mermaid
"लेकिन तुम उसके जैसी हो," उसने छोटी मत्स्यांगना को आश्वस्त किया
"and you have almost driven her image from my mind"
"और तुमने उसकी छवि मेरे दिमाग से लगभग मिटा दी है"
"She belongs to the holy temple"
"वह पवित्र मंदिर की है"
"good fortune has sent you instead of her to me"
"सौभाग्य ने उसकी जगह तुम्हें मेरे पास भेज दिया है"
"We will never part," he comforted the little mermaid
"हम कभी अलग नहीं होंगे," उसने छोटी मत्स्यांगना को सांत्वना दी

but the little mermaid could not help but sigh
लेकिन छोटी मत्स्यांगना आहें भरने से खुद को रोक नहीं सकी
"he knows not that it was I who saved his life"
"वह नहीं जानता कि मैंने ही उसकी जान बचाई थी"
"I carried him over the sea to where the temple stands"
"मैं उसे समुद्र के पार उस स्थान पर ले गया जहाँ मंदिर है"
"I sat beneath the foam till the human came to help him"
"मैं फोम के नीचे बैठा रहा जब तक कि इंसान उसकी मदद के लिए नहीं आया"
"I saw the pretty maiden that he loves"
"मैंने उस सुन्दर युवती को देखा जिससे वह प्यार करता है"
"the pretty maiden that he loves more than me"
"वह सुंदर युवती जिसे वह मुझसे भी अधिक प्यार करता है"
The mermaid sighed deeply, but she could not weep

मत्स्यकन्या ने गहरी साँस ली, लेकिन वह रो नहीं सकी
"He says the maiden belongs to the holy temple"
"वह कहता है कि युवती पवित्र मंदिर की है"
"therefore she will never return to the world"
"इसलिए वह कभी दुनिया में वापस नहीं आएगी"
"they will meet no more," the little mermaid hoped
"वे अब कभी नहीं मिलेंगे," छोटी मत्स्यांगना ने आशा व्यक्त की
"I am by his side and see him every day"
"मैं उनके साथ हूं और हर दिन उनसे मिलता हूं"
"I will take care of him, and love him"
"मैं उसका ख्याल रखूंगी और उससे प्यार करूंगी"
"and I will give up my life for his sake"
"और मैं उसके लिए अपनी जान दे दूँगा"

The Day of the Wedding
शादी का दिन

Very soon it was said that the prince was going to marry
बहुत जल्द ही यह कहा जाने लगा कि राजकुमार शादी करने जा रहा है
there was the beautiful daughter of a neighbouring king
एक पड़ोसी राजा की खूबसूरत बेटी थी
it was said that she would be his wife
ऐसा कहा गया कि वह उसकी पत्नी होगी
for the occasion a fine ship was being fitted out
इस अवसर के लिए एक बढ़िया जहाज तैयार किया जा रहा था
the prince said he intended only to visit the king
राजकुमार ने कहा कि उसका इरादा केवल राजा से मिलने का था
they thought he was only going so as to meet the princess
उन्होंने सोचा कि वह केवल राजकुमारी से मिलने जा रहा है
The little mermaid smiled and shook her head
छोटी मत्स्यकन्या मुस्कुराई और अपना सिर हिलाया
She knew the prince's thoughts better than the others
वह राजकुमार के विचारों को दूसरों से बेहतर जानती थी

"I must travel," he had said to her
"मुझे यात्रा करनी है," उसने उससे कहा था
"I must see this beautiful princess"
"मुझे इस सुन्दर राजकुमारी को देखना चाहिए"
"My parents want me to go and see her"
"मेरे माता-पिता चाहते हैं कि मैं जाकर उससे मिलूं"
"but they will not oblige me to bring her home as my bride"

"लेकिन वे मुझे उसे अपनी दुल्हन के रूप में घर लाने के लिए बाध्य नहीं करेंगे"
"you know that I cannot love her"
"तुम्हें पता है कि मैं उससे प्यार नहीं कर सकता"
"because she is not like the beautiful maiden in the temple"
"क्योंकि वह मंदिर की सुन्दर युवती के समान नहीं है"
"the beautiful maiden whom you resemble"
"वह सुंदर युवती जिसकी तुम जैसी हो"
"If I were forced to choose a bride, I would choose you"
"अगर मुझे दुल्हन चुनने के लिए मजबूर किया जाए तो मैं तुम्हें चुनूंगा"
"my deaf foundling, with those expressive eyes"
"मेरा बहरा शिशु, उन भावपूर्ण आँखों के साथ"
Then he kissed her rosy mouth
फिर उसने उसके गुलाबी मुंह को चूमा
and he played with her long, waving hair
और वह उसके लंबे, लहराते बालों के साथ खेलता रहा
and he laid his head on her heart
और उसने अपना सिर उसके हृदय पर रख दिया
she dreamed of human happiness and an immortal soul
वह मानव सुख और अमर आत्मा का सपना देखती थी

they stood on the deck of the noble ship
वे महान जहाज के डेक पर खड़े थे
"You are not afraid of the sea, are you?" he said
"तुम्हें समुद्र से डर नहीं लगता, है न?" उसने कहा।
the ship was to carry them to the neighbouring country
जहाज उन्हें पड़ोसी देश ले जाने वाला था
Then he told her of storms and of calms
फिर उसने उसे तूफानों और शांति के बारे में बताया

he told her of strange fishes deep beneath the water
उसने उसे पानी के नीचे अजीब मछलियों के बारे में बताया
and he told her of what the divers had seen there
और उसने उसे बताया कि गोताखोरों ने वहां क्या देखा था
She smiled at his descriptions, slightly amused
वह उसके वर्णन पर मुस्कुराई, थोड़ा खुश हुई
she knew better what wonders were at the bottom of the sea
वह बेहतर जानती थी कि समुद्र के तल पर क्या-क्या अजूबे हैं

the little mermaid sat on the deck at moonlight
छोटी जलपरी चाँदनी में डेक पर बैठी थी
all on board were asleep, except the man at the helm
जहाज़ पर सभी लोग सो रहे थे, सिवाय पतवार पर बैठे व्यक्ति के
and she gazed down through the clear water
और वह साफ़ पानी से नीचे देखने लगी
She thought she could distinguish her father's castle
उसने सोचा कि वह अपने पिता के महल को पहचान सकती है
and in the castle she could see her aged grandmother
और महल में वह अपनी बूढ़ी दादी को देख सकती थी
Then her sisters came out of the waves
तभी उसकी बहनें लहरों से बाहर आ गईं
and they gazed at their sister mournfully
और वे अपनी बहन को शोकाकुल दृष्टि से देखने लगे
She beckoned to her sisters, and smiled
उसने अपनी बहनों को इशारा किया और मुस्कुराई
she wanted to tell them how happy and well off she was
वह उन्हें बताना चाहती थी कि वह कितनी खुश और खुशहाल है
But the cabin boy approached and her sisters dived down

लेकिन केबिन बॉय पास आ गया और उसकी बहनें नीचे कूद गईं

he thought what he saw was the foam of the sea

उसने सोचा कि जो उसने देखा वह समुद्र का झाग था

The next morning the ship got into the harbour

अगली सुबह जहाज बंदरगाह पर पहुंचा

they had arrived in a beautiful coastal town

वे एक खूबसूरत तटीय शहर में पहुंचे थे

on their arrival they were greeted by church bells

उनके आगमन पर चर्च की घंटियों से उनका स्वागत किया गया

and from the high towers sounded a flourish of trumpets

और ऊंची मीनारों से तुरही की ध्वनि सुनाई दी

soldiers lined the roads through which they passed

सैनिक उन सड़कों पर पंक्तिबद्ध थे जिनसे वे गुज़रते थे

Soldiers, with flying colors and glittering bayonets

सैनिक, उड़ते हुए रंगों और चमचमाती संगीनों के साथ

Every day that they were there there was a festival

जब वे वहां थे तो हर दिन कोई न कोई त्यौहार होता था

balls and entertainments were organised for the event

इस कार्यक्रम के लिए बॉल और मनोरंजन का आयोजन किया गया

But the princess had not yet made her appearance

लेकिन राजकुमारी अभी तक प्रकट नहीं हुई थी

she had been brought up and educated in a religious house

उनका पालन-पोषण और शिक्षा एक धार्मिक घर में हुई थी

she was learning every royal virtue of a princess

वह एक राजकुमारी के हर शाही गुण सीख रही थी

At last, the princess made her royal appearance
अंततः राजकुमारी ने अपना शाही रूप दिखाया
The little mermaid was anxious to see her
छोटी जलपरी उसे देखने के लिए उत्सुक थी
she had to know whether she really was beautiful
उसे जानना था कि क्या वह सचमुच सुंदर है
and she was obliged to admit she really was beautiful
और उसे यह स्वीकार करना पड़ा कि वह वास्तव में सुंदर थी
she had never seen a more perfect vision of beauty
उसने सुंदरता का इससे अधिक परिपूर्ण दृश्य कभी नहीं देखा था
Her skin was delicately fair
उसकी त्वचा बहुत ही गोरी थी
and her laughing blue eyes shone with truth and purity
और उसकी हँसती नीली आँखें सच्चाई और पवित्रता से चमक उठीं
"It was you," said the prince
"यह तुम थे," राजकुमार ने कहा
"you saved my life when I lay as if dead on the beach"
"तुमने मेरी जान बचाई थी जब मैं समुद्र तट पर मृत अवस्था में पड़ा था"
"and he held his blushing bride in his arms"
"और उसने अपनी शर्मीली दुल्हन को अपनी बाहों में पकड़ लिया"

"Oh, I am too happy!" said he to the little mermaid
"ओह, मैं बहुत खुश हूँ!" उसने छोटी मत्स्यांगना से कहा
"my fondest hopes are now fulfilled"
"मेरी सबसे बड़ी आशाएं अब पूरी हो गई हैं"
"You will rejoice at my happiness"

"तुम मेरी खुशी से खुश होगे"
"because your devotion to me is great and sincere"
"क्योंकि मेरे प्रति तुम्हारी भक्ति महान और सच्ची है"
The little mermaid kissed the prince's hand
छोटी जलपरी ने राजकुमार का हाथ चूमा
and she felt as if her heart were already broken
और उसे लगा जैसे उसका दिल पहले ही टूट चुका है
the morning of his wedding was going to bring death to her
उसकी शादी की सुबह उसके लिए मौत लेकर आने वाली थी
she knew she was to become the foam of the sea
वह जानती थी कि उसे समुद्र का झाग बनना है

the sound of the church bells rang through the town
चर्च की घंटियों की आवाज़ पूरे शहर में गूंज रही थी
the heralds rode through the town proclaiming the betrothal
शहर में घूम-घूम कर घोषणा करने वाले दूत आए
Perfumed oil was burned in silver lamps on every altar
हर वेदिका पर चांदी के दीयों में सुगंधित तेल जलाया जाता था
The priests waved the censers over the couple
पुजारियों ने जोड़े के ऊपर धूपदान लहराए
and the bride and the bridegroom joined their hands
और दूल्हा-दुल्हन ने हाथ मिलाए
and they received the blessing of the bishop
और उन्हें बिशप का आशीर्वाद प्राप्त हुआ
The little mermaid was dressed in silk and gold
छोटी जलपरी रेशम और सोने के कपड़े पहने हुए थी
she held up the bride's dress, in great pain
उसने दुल्हन की पोशाक को बहुत दर्द में उठाया
but her ears heard nothing of the festive music

- 77 -

लेकिन उसके कानों ने उत्सव के संगीत के बारे में कुछ नहीं सुना
and her eyes saw not the holy ceremony
और उसकी आँखों ने पवित्र समारोह नहीं देखा
She thought of the night of death coming to her
उसने सोचा कि मौत की रात उसके पास आ रही है
and she mourned for all she had lost in the world
और वह दुनिया में जो कुछ भी खो चुकी थी उसके लिए शोक मनाती थी

that evening the bride and bridegroom boarded the ship
उस शाम दूल्हा और दुल्हन जहाज़ पर चढ़े
the ship's cannons were roaring to celebrate the event
जहाज़ की तोपें इस घटना का जश्न मनाने के लिए गरज रही थीं
and all the flags of the kingdom were waving
और राज्य के सभी झंडे लहरा रहे थे
in the centre of the ship a tent had been erected
जहाज़ के बीचोबीच एक तंबू लगाया गया था
in the tent were the sleeping couches for the newlyweds
तम्बू में नवविवाहितों के लिए सोने के सोफे थे
the winds were favourable for navigating the calm sea
शांत समुद्र में नौकायन के लिए हवाएं अनुकूल थीं
and the ship glided as smoothly as the birds of the sky
और जहाज़ आकाश के पक्षियों की तरह सहजता से उड़ रहा था

When it grew dark, a number of colored lamps were lighted
जब अंधेरा हो गया तो कई रंग-बिरंगे दीपक जलाए गए
the sailors and royal family danced merrily on the deck

नाविक और शाही परिवार डेक पर खुशी से नाच रहे थे
The little mermaid could not help thinking of her birthday
छोटी जलपरी अपने जन्मदिन के बारे में सोचने से खुद को रोक नहीं पाई
the day that she rose out of the sea for the first time
वह दिन जब वह पहली बार समुद्र से बाहर निकली थी
similar joyful festivities were celebrated on that day
उस दिन भी इसी तरह के हर्षोल्लासपूर्ण उत्सव मनाए गए
she thought about the wonder and hope she felt that day
उसने उस दिन महसूस किए गए आश्चर्य और आशा के बारे में सोचा
with those pleasant memories, she too joined in the dance
उन सुखद यादों के साथ, वह भी नृत्य में शामिल हो गई
on her paining feet, she poised herself in the air
अपने दुखते पैरों पर, वह हवा में खड़ी थी
the way a swallow poises itself when in pursued of prey
शिकार का पीछा करते समय एक निगल जिस तरह से खुद को संतुलित करता है
the sailors and the servants cheered her wonderingly
नाविकों और नौकरों ने आश्चर्यचकित होकर उसका उत्साहवर्धन किया
She had never danced so gracefully before
उसने पहले कभी इतनी सुन्दरता से नृत्य नहीं किया था
Her tender feet felt as if cut with sharp knives
उसके कोमल पैर ऐसे लग रहे थे जैसे तेज चाकुओं से काटे गए हों
but she cared little for the pain of her feet
लेकिन उसे अपने पैरों के दर्द की कोई परवाह नहीं थी
there was a much sharper pain piercing her heart
उसके दिल में एक बहुत तेज़ दर्द चुभ रहा था

She knew this was the last evening she would ever see him
वह जानती थी कि यह आखिरी शाम थी जब वह उसे देखेगी
the prince for whom she had forsaken her kindred and home
वह राजकुमार जिसके लिए उसने अपने रिश्तेदारों और घर को त्याग दिया था
She had given up her beautiful voice for him
उसने उसके लिए अपनी खूबसूरत आवाज़ छोड़ दी थी
and every day she had suffered unheard-of pain for him
और हर दिन उसने उसके लिए अनसुना दर्द सहा था
she suffered all this, while he knew nothing of her pain
उसने यह सब सहा, जबकि उसे उसके दर्द के बारे में कुछ भी पता नहीं था
it was the last evening she would breath the same air as him
यह आखिरी शाम थी जब वह उसी हवा में सांस ले रही थी
it was the last evening she would gaze on the same starry sky
यह आखिरी शाम थी जब वह उसी तारों भरे आसमान को निहारेगी
it was the last evening she would gaze into the deep sea
वह आखिरी शाम थी जब वह गहरे समुद्र को देखेगी
it was the last evening she would gaze into the eternal night
यह आखिरी शाम थी जब वह अनंत रात को देखेगी
an eternal night without thoughts or dreams awaited her
विचारों या सपनों के बिना एक अनंत रात उसका इंतजार कर रही थी
She was born without a soul, and now she could never win one
वह बिना आत्मा के पैदा हुई थी, और अब वह कभी भी आत्मा नहीं जीत सकती

All was joy and gaiety on the ship until long after midnight
आधी रात के बाद तक जहाज़ पर खुशी और उल्लास का माहौल था
She smiled and danced with the others on the royal ship
वह मुस्कुराई और शाही जहाज पर अन्य लोगों के साथ नृत्य किया
but she danced while the thought of death was in her heart
लेकिन वह नाचती रही जबकि मौत का विचार उसके दिल में था
she had to watch the prince dance with the princess
उसे राजकुमार को राजकुमारी के साथ नृत्य करते देखना था
she had to watch when the prince kissed his beautiful bride
उसे यह देखना था कि राजकुमार अपनी खूबसूरत दुल्हन को कब चूमता है
she had to watch her play with the prince's raven hair
उसे राजकुमार के काले बालों के साथ उसे खेलते देखना था
and she had to watch them enter the tent, arm in arm
और उसे उन्हें हाथों में हाथ डालकर तम्बू में प्रवेश करते हुए देखना पड़ा

After the Wedding
शादी के बाद

After they had gone all became still on board the ship
उनके चले जाने के बाद जहाज़ पर सभी लोग शांत हो गए
only the pilot, who stood at the helm, was still awake
केवल पायलट, जो पतवार पर खड़ा था, अभी भी जाग रहा था
The little mermaid leaned on the edge of the vessel
छोटी मत्स्यकन्या बर्तन के किनारे पर झुक गई
she looked towards the east for the first blush of morning
वह सुबह की पहली लालिमा के लिए पूर्व की ओर देख रही थी
the first ray of the dawn, which was to be her death
भोर की पहली किरण, जो उसकी मौत थी
from far away she saw her sisters rising out of the sea
दूर से उसने अपनी बहनों को समुद्र से बाहर आते देखा
They were as pale with fear as she was
वे भी डर से उतने ही पीले पड़ गए थे जितनी वह थी
but their beautiful hair no longer waved in the wind
लेकिन उनके सुंदर बाल अब हवा में नहीं लहराते
"We have given our hair to the witch," said they
उन्होंने कहा, "हमने अपने बाल चुड़ैल को दे दिए हैं।"
"so that you do not have to die tonight"
"ताकि आज रात तुम्हें मरना न पड़े"
"for our hair we have obtained this knife"
"हमारे बालों के लिए हमने यह चाकू प्राप्त किया है"
"Before the sun rises you must use this knife"
"सूर्योदय से पहले तुम्हें इस चाकू का प्रयोग करना होगा"
"you must plunge the knife into the heart of the prince"
"तुम्हें राजकुमार के दिल में चाकू घोंपना होगा"
"the warm blood of the prince must fall upon your feet"
"राजकुमार का गर्म खून तुम्हारे पैरों पर गिरना चाहिए"

"and then your feet will grow together again"
"और फिर आपके पैर फिर से एक साथ बढ़ेंगे"

"where you have legs you will have a fish's tail again"
"जहाँ तुम्हारे पैर हैं वहाँ फिर से मछली की पूँछ होगी"

"and where you were human you will once more be a mermaid"
"और जहाँ तुम मानव थे, तुम एक बार फिर मत्स्यांगना बन जाओगे"

"then you can return to live with us, under the sea"
"तो फिर तुम वापस आकर हमारे साथ समुद्र के नीचे रह सकते हो"

"and you will be given your three hundred years of a mermaid"
"और तुम्हें तीन सौ साल तक जलपरी की तरह रहने का मौका दिया जाएगा"

"and only then will you be changed into the salty sea foam"
"और केवल तभी तुम नमकीन समुद्री झाग में बदल जाओगे"

"Haste, then; either he or you must die before sunrise"
"तो जल्दी करो; या तो उसे या तुम्हें सूर्योदय से पहले मरना होगा"

"our old grandmother mourns for you day and night"
"हमारी बूढ़ी दादी दिन-रात तुम्हारे लिए विलाप करती है"

"her white hair is falling out"
"उसके सफ़ेद बाल झड़ रहे हैं"

"just as our hair fell under the witch's scissors"
"जैसे ही हमारे बाल चुड़ैल की कैंची के नीचे गिरे"

"Kill the prince, and come back," they begged her
"राजकुमार को मार डालो और वापस आओ," उन्होंने उससे विनती की

"Do you not see the first red streaks in the sky?"

"क्या तुम्हें आकाश में पहली लाल धारियाँ नहीं दिख रही हैं?"
"In a few minutes the sun will rise, and you will die"
"कुछ ही मिनटों में सूरज उग जाएगा और तुम मर जाओगे"
having done their best, her sisters sighed deeply
अपनी पूरी कोशिश करने के बाद, उसकी बहनों ने गहरी साँस ली

mournfully her sisters sank back beneath the waves
शोक में उसकी बहनें लहरों के नीचे डूब गईं
and the little mermaid was left with the knife in her hands
और छोटी जलपरी के हाथ में चाकू रह गया

she drew back the crimson curtain of the tent
उसने तम्बू का लाल पर्दा पीछे खींच लिया
and in the tent she saw the beautiful bride
और तम्बू में उसने सुंदर दुल्हन को देखा
her face was resting on the prince's breast
उसका चेहरा राजकुमार की छाती पर टिका हुआ था
and then the little mermaid looked at the sky
और फिर छोटी मत्स्यकन्या ने आकाश की ओर देखा
on the horizon the rosy dawn grew brighter and brighter
क्षितिज पर गुलाबी भोर उज्जवल और उज्जवल होती जा रही थी
She glanced at the sharp knife in her hands
उसने अपने हाथ में धारदार चाकू पर नज़र डाली
and again she fixed her eyes on the prince
और फिर से उसने अपनी नज़रें राजकुमार पर टिका दीं
She bent down and kissed his noble brow
वह झुकी और उसके महान माथे को चूमा
he whispered the name of his bride in his dreams
उसने सपने में अपनी दुल्हन का नाम फुसफुसाया

he was dreaming of the princess he had married
वह उस राजकुमारी का सपना देख रहा था जिससे उसने विवाह किया था
the knife trembled in the hand of the little mermaid
छोटी जलपरी के हाथ में चाकू कांपने लगा
but she flung the knife far into the sea
लेकिन उसने चाकू समुद्र में दूर फेंक दिया

where the knife fell the water turned red
जहां चाकू गिरा वहां पानी लाल हो गया
the drops that spurted up looked like blood
जो बूंदें फूटीं वे खून जैसी दिख रही थीं
She cast one last look upon the prince she loved
उसने उस राजकुमार पर एक आखिरी नज़र डाली जिसे वह प्यार करती थी
the sun pierced the sky with its golden arrows
सूर्य ने अपने सुनहरे बाणों से आकाश को भेद दिया
and she threw herself from the ship into the sea
और उसने खुद को जहाज से समुद्र में फेंक दिया
the little mermaid felt her body dissolving into foam
छोटी जलपरी को लगा कि उसका शरीर झाग में घुल रहा है
and all that rose to the surface were bubbles of air
और जो कुछ सतह पर आया वह हवा के बुलबुले थे
the sun's warm rays fell upon the cold foam
सूरज की गर्म किरणें ठंडे झाग पर पड़ रही थीं
but she did not feel as if she were dying
लेकिन उसे ऐसा नहीं लगा कि वह मर रही है
in a strange way she felt the warmth of the bright sun
एक अजीब तरीके से उसने चमकदार सूरज की गर्मी महसूस की

she saw hundreds of beautiful transparent creatures
उसने सैकड़ों खूबसूरत पारदर्शी जीव देखे
the creatures were floating all around her
जीव उसके चारों ओर तैर रहे थे
through the creatures she could see the white sails of the ships
जीवों के माध्यम से वह जहाजों के सफेद पाल देख सकती थी
and between the sails of the ships she saw the red clouds in the sky
और जहाजों के पालों के बीच उसने आकाश में लाल बादल देखे
Their speech was melodious and childlike
उनका भाषण मधुर और बच्चों जैसा था
but their speech could not be heard by mortal ears
लेकिन उनकी बातें नश्वर कानों से सुनी नहीं जा सकती थीं
nor could their bodies be seen by mortal eyes
न ही उनके शरीर को नश्वर आँखों से देखा जा सकता था
The little mermaid perceived that she was like them
छोटी मत्स्यकन्या को लगा कि वह भी उन्हीं की तरह है
and she felt that she was rising higher and higher
और उसे लगा कि वह और ऊपर उठ रही है
"Where am I?" asked she, and her voice sounded ethereal
"मैं कहाँ हूँ?" उसने पूछा, और उसकी आवाज़ अलौकिक लग रही थी
there is no earthly music that could imitate her
ऐसा कोई सांसारिक संगीत नहीं है जो उसकी नकल कर सके
"you are among the daughters of the air," answered one of them
उनमें से एक ने उत्तर दिया, "तुम आकाश की पुत्रियों में से हो।"
"A mermaid has not an immortal soul"

"मत्स्यांगना की आत्मा अमर नहीं होती"
"nor can mermaids obtain immortal souls"
"न ही जलपरियाँ अमर आत्मा प्राप्त कर सकती हैं"
"unless she wins the love of a human being"
"जब तक वह किसी इंसान का प्यार नहीं जीत लेती"
"on the will of another hangs her eternal destiny"
"किसी दूसरे की इच्छा पर ही उसका शाश्वत भाग्य टिका हुआ है"
"like you, we do not have immortal souls either"
"आपकी तरह, हमारे पास भी अमर आत्मा नहीं है"
"but we can obtain an immortal soul by our deeds"
"लेकिन हम अपने कर्मों से अमर आत्मा प्राप्त कर सकते हैं"
"We fly to warm countries and cool the sultry air"
"हम गर्म देशों में उड़ते हैं और उमस भरी हवा को ठंडा करते हैं"
"the heat that destroys mankind with pestilence"
"वह गर्मी जो मानवजाति को महामारी से नष्ट कर देती है"
"We carry the perfume of the flowers"
"हम फूलों की खुशबू लेकर चलते हैं"
"and we spread health and restoration"
"और हम स्वास्थ्य और बहाली का प्रसार करते हैं"

"for three hundred years we travel the world like this"
"तीन सौ वर्षों से हम इसी तरह विश्व भ्रमण कर रहे हैं"
"in that time we strive to do all the good in our power"
"उस समय हम अपनी शक्ति के अनुसार सभी अच्छे कार्य करने का प्रयास करते हैं"
"if we succeed we receive an immortal soul"
"यदि हम सफल हो गए तो हमें अमर आत्मा प्राप्त होगी"
"and then we too take part in the happiness of mankind"

"और फिर हम भी मानव जाति की खुशी में भाग लेंगे"
"You, poor little mermaid, have done your best"
"तुमने, बेचारी छोटी मत्स्यांगना, अपना सर्वश्रेष्ठ प्रयास किया है"
"you have tried with your whole heart to do as we are doing"
"आपने पूरे मन से वैसा ही करने का प्रयास किया है जैसा हम कर रहे हैं"
"You have suffered and endured an enormous pain"
"आपने बहुत बड़ी पीड़ा झेली है"
"by your good deeds you raised yourself to the spirit world"
"अपने अच्छे कर्मों से आपने स्वयं को आत्मिक जगत में ऊपर उठाया"
"and now you will live alongside us for three hundred years"
"और अब तुम हमारे साथ तीन सौ साल तक रहोगे"
"by striving like us, you may obtain an immortal soul"
"हमारे जैसे प्रयास करके, आप अमर आत्मा प्राप्त कर सकते हैं"
The little mermaid lifted her glorified eyes toward the sun
छोटी मत्स्यकन्या ने अपनी महिमामयी आँखें सूर्य की ओर उठाईं
for the first time, she felt her eyes filling with tears
पहली बार उसे लगा कि उसकी आँखें आँसुओं से भर गई हैं

On the ship she had left there was life and noise
जिस जहाज को उसने छोड़ा था, उस पर जीवन और शोर था
she saw the prince and his beautiful bride searching for her
उसने राजकुमार और उसकी सुंदर दुल्हन को उसे खोजते हुए देखा
Sorrowfully, they gazed at the pearly foam

वे दुःखी होकर मोती जैसे झाग को देखने लगे
it was as if they knew she had thrown herself into the waves
ऐसा लग रहा था मानो उन्हें पता हो कि उसने खुद को लहरों में फेंक दिया है
Unseen, she kissed the forehead of the bride
बिना देखे उसने दुल्हन का माथा चूम लिया
and then she rose with the other children of the air
और फिर वह हवा के अन्य बच्चों के साथ उठी
together they went to a rosy cloud that floated above
वे दोनों एक गुलाबी बादल के पास गए जो ऊपर तैर रहा था

"After three hundred years," one of them started explaining
"तीन सौ साल बाद," उनमें से एक ने समझाना शुरू किया
"then we shall float into the kingdom of heaven," said she
"तब हम स्वर्ग के राज्य में प्रवेश करेंगे," उसने कहा
"And we may even get there sooner," whispered a companion
"और हम शायद वहाँ जल्दी भी पहुँच जाएँ," एक साथी ने फुसफुसाते हुए कहा
"Unseen we can enter the houses where there are children"
"बिना देखे हम उन घरों में प्रवेश कर सकते हैं जहां बच्चे हैं"
"in some of the houses we find good children"
"कुछ घरों में हमें अच्छे बच्चे मिलते हैं"
"these children are the joy of their parents"
"ये बच्चे अपने माता-पिता के लिए खुशी का कारण हैं"
"and these children deserve the love of their parents"
"और ये बच्चे अपने माता-पिता के प्यार के हकदार हैं"
"such children shorten the time of our probation"
"ऐसे बच्चे हमारी परिवीक्षा अवधि को छोटा कर देते हैं"
"The child does not know when we fly through the room"

"बच्चे को पता ही नहीं चलता कि हम कमरे में कब उड़ते हैं"

"and they don't know that we smile with joy at their good conduct"

"और वे नहीं जानते कि हम उनके अच्छे आचरण पर प्रसन्नता से मुस्कुराते हैं"

"because then our judgement comes one day sooner"

"क्योंकि तब हमारा निर्णय एक दिन पहले आ जायेगा"

"But we see naughty and wicked children too"

"लेकिन हम शरारती और दुष्ट बच्चे भी देखते हैं"

"when we see such children we shed tears of sorrow"

"जब हम ऐसे बच्चों को देखते हैं तो दुःख के आँसू बहाते हैं"

"and for every tear we shed a day is added to our time"

"और हमारे द्वारा बहाए गए प्रत्येक आंसू के लिए हमारे समय में एक दिन जोड़ा जाता है"

www.tranzlaty.com

www.ingramcontent.com/pod-product-compliance
Lightning Source LLC
Chambersburg PA
CBHW012006090526
44590CB00026B/3892
* 9 7 8 1 8 3 5 6 6 9 4 5 7 *